联动的世界史

19世纪世界中的日本

Minamizuka
Shingo

[日]南塚信吾 著　张尧彦 译

上海文化出版社

关系的历史
——在世界史的动线上复盘近代日本的发展轨迹

日本的历史研究，历来分三块，即国史（日本史）、东洋史和西洋史。这种学术"传统"虽说是其来有自，细究起来却是近代的产物。从幕末到明治初期，一些志在"入欧"的日本学者通过西人用英文撰写的万国史教本，来理解西方和日本所处的亚洲的历史，形成了日人最初的泰西史和东洋史的学术框架。在"近代日本的黎明期"刊行的若干种历史读本，如《泰西史略》（手冢律藏著）和《万国新史》（箕作麟祥著）等，均为这类著作。

回过头来看，既移植西人的历史叙事，便意味着接受西方史观，欧洲中心主义自不待言，连种族论也一并拿来，的确是万国史时代日人泰西史的局限。严格说来，就连启蒙思想家福泽谕吉在其《文明论概略》中所呈现的世界观，那种所谓"文明与野蛮"的二元对立本质主义思维，也未溢出那种认知框架。对此，明治后期的东洋历史学者，开始意识到在世界史的观念框架下重新审视历史的必要性：如历史学者、曾受聘于京师大学堂的坂本健一，质疑以往的万国史"地域大抵限于泰西，存在雅利安以外之民非人、欧美以外之地非国的观念"；另一位史学家高桑驹吉则认为，"完整的世界史应始于东西两洋并叙"。

至此，万国史全面升级。1900年以后面世的万国史读本，更准确地把握了欧亚大陆和非洲的历史，且在展开东亚论述时会结合日本的历史，日人对世界的认知进入世界史时代。上述两位史学家，也都在那个时期推出自己的史学著作：1901年，坂本健一在博文馆出版两卷本《世界史》；高桑驹吉则先后于东亚书院和金刺芳流堂出版了两种世界史读本，《袖珍世界史要》（1903年）和《最新世界历史》（1910年）。这些出版物，均代表了"黎明期"之后日人进阶版的世界认知水准，一时纸贵洛阳。

明治末年，出于日俄战争后，大陆政策拓展的战略需求，日本正式在国立高等教育机构设立东洋史学专业（京都帝国大学于1907年，东京帝国大学于1910年），东洋史研究步入行政轨道，遂有后来以桑原骘藏、内藤湖南等学术大咖为代表的"京都学派"的中兴。而东洋史的学术繁荣，客观上又促进了日本的西洋史和世界史研究，尽管世界史始终未能在日本彻底"复权"——被冠以"世界史"的出版物远不如"西洋史"更流行，遑论西洋哲学史、西洋艺术史、西洋建筑史等子部类。

不过，流行不等于研究，也并不一定意味着学术的普及。事实上，泰半由于孤悬海上、偏安一隅的地理环境所致，日人对外部世界有种近乎本能的渴求，其强烈程度远超其他国族，一个具体表现就是"情报控"：从历史文化、政经社会到世道人心，关于异域，不存在"冗余"信息，只有未悉的新知。就世界史的普及度及其在精英阶层的认知浓度而言，日本是相当高的。这既与国民的识字率和教育程度有关，也与日本在国际社会中的定位，特别是知识分子的问题意识有关——

日本的近代，是一个牵涉面既广且深的问题，当然不仅仅局限于日本史。

在一些大学主办的历史悠久的市民公开讲座中，世界史一向是最受欢迎的内容之一。比如东大教养学部的本科生通识课，由东京大学东洋文化研究所羽田正等五位教授轮流主讲世界史，总题目叫做"关于'世界史'的世界史"，上网公开后粉丝如云，俨然成了网红课。七十年代，大报《每日新闻》社利用其海量的新闻摄影档案，出版了一套卷帙浩繁、脍炙人口的图片当代史——《一亿人的昭和史》。除了主系列的煌煌15卷，还包括两个子系列：一是《世界史之中的"一亿人的昭和史"》（6卷），二是《日本殖民地史》（4卷）。可以说，两个子系列都是外部视角：把一部日本现代史置于世界史的容器中，在国际大背景中凸显了日本现代史的某些关键性节点，多了一个维度，从而使历史看上去更立体、更丰满。如前者，6卷本的书名本身，便勾勒出日本现代史与东亚地缘政治和世界史的关联：《俄罗斯革命与大正民主》《二·二六事件和第三帝国》《太平洋战争和纳粹的毁灭》等。这套图片史，一直是我的爱读本。

笔者的另一种案头工具书，是《日本史·世界史年表》（NHK出版）。虽说是历史年表，但体例颇复杂：每页从上到下分成两部分：日本的动静和世界的动向；各部分又分别由大事记、历史事件小专栏、历史人物关系图、地图和历史照片等内容构成，重视觉性。直观地呈现了幕末、维新以降的百年史，可按时间线查阅，极其方便。以我长年浸淫日本历史类出版物的直觉来说，在日本史叙事中有机地勾连世界史，打通"国内小气候"和"国际大气候"之间的区隔，在贯通、流动的气场中复盘历史,确实是近年来日本学术界着力的方向。

这本《联动的世界史:19世纪世界中的日本》,正代表了这种学术努力。此书的日文版,2018年由岩波书店出版。作为"日本之中的世界史"书系(全7卷)的起头卷,聚焦从幕末到明治维新后的时段(1840—1910),尝试发现日本与世界的"联动",进而从中复原新兴明治国家成立的历史轨迹。

当然,这种尝试并非基于新发现的史料,而是基于一种新的历史叙事。英国史学家 E. H. 卡尔说:"历史学家的主要任务不在于记录,而在于评价。因为,假如历史学家不评价,他又如何知道哪些东西值得记录呢?"评价意味着建构一种历史叙事,而新的历史叙事则须建基于某种价值框架之上,正是在这个意义上,克罗齐宣称:一切历史都是"当代史"。

克罗齐的思想深刻影响了英国思想家柯林武德。后者在其史学名著《历史的观念》(*The Idea of History*)一书中说,历史所关注的既不是"过去本身",也不是"历史学家对过去的思考本身",而是"这两者之间的相互关系",因为"历史学家所研究的过去并不是死气沉沉的过去,而是在一定程度上仍旧活跃于现实生活中的过去"。反过来说,假如历史学家不能理解一个过去行为背后所隐藏的思想,那么这个过去的行为就是无生命的,对历史学家来说是无意义的。据此,柯林武德断言,"一切历史是思想史",从而把克罗齐的论断又往前推进了一步:"历史就是一个对这种思想的历史进行研究的历史学家,以自己的观念重新加以组织的过程。"

柯林武德历史哲学的核心是"关系",所谓历史的思想史意义,是从过去和历史学家对过去的思考的关系中浮现的，而关系同样也是这本《联动的世界史》的重中之重。不同的是，柯林武德的关系中有鲜明的主体性（历史学家）；可同样的主体性，在《联动的世界史》中，似乎退到历史的后台。但退到后台，不等于退场，有能力将各路错综纷繁的关系依一定的逻辑线索加以串联、编织、重构，且不以伪史来欺世、玩世者，只有历史祭司（史学家）——历史研究的确是一种志业。

"关系"也是黄仁宇大历史观的关键词之一。他有本文集，书名就叫《关系万千重》，其中写道："我所谓历史，属于人类及其生活之领域能为逻辑所操纵，亦即当中有各种关系之存在。"换言之，不能脱离关系谈历史，能为逻辑所阐释和驱动的关系，才是构筑历史的砖木。在这种"关系史观"的视域中，连日本史和世界史的边界都变得模糊、暧昧起来，很大程度上打通了从国别史、区域史到全球史的藩篱。因此，历史学者、同为"日本之中的世界史"丛书作者之一的小谷汪之认为：

> 任何社会、民族、国家的历史都不是脱离外部事物完全从内部发展而来的，而是通过与其他社会、民族和国家之间缔结各种关系，在这些关系的综合作用下发展起来的。将社会、民族、国家之间的相互作用视为外在因素，只从各个社会、民族、国家的内在因素来探讨历史发展的方法，是支持划分日本史和世界史的基础。

这本《联动的世界史》就其文本所描绘的时段而言，大致相当于日本帝国前期史。它并不以一国一地为中心，而是力求在19世纪的国际关系中发现"日本之中的世界史，世界史中的日本"，旨在凸显一部"去中心化的世界史"。在这部以"关系"为经纬编织的世界史中，不时会出现"潮流""联动""本土化"等关键词，这正是此书之不同于通常世界史叙事的特性，也是其独到的历史分析方法：

> 世界各地在相互"关联"的过程中，以各种各样的形式"互动"，使世界历史的主导"潮流"不断蔓延，并按照当地的方式"本土化"。不同地区的历史也因此"联动"起来。
>
> 这些主导潮流包括军事制度、学术制度、国家和边界的概念、外交和条约的概念、宪法理念（包括选举和议会制度）、民族和民族主义、殖民地分割理论和殖民地统治方式，等等。当然，这并不是全部。这些潮流传到各个地区，为了适应当地的条件接受了"本土化"，同时"本土化"的还有"潮流"连带的各种问题。

不过，这种世界观迟早会面对一种道德诘难：所谓"潮流"的"本土化"，难道不意味着"欧洲模式"的一方通行？对此，作者早有预案，并在逻辑上予以回应：

> 仔细想想，这种看似欧洲式的"潮流"，实际上很多时候是对亚洲动向的一种反应，或者是以牺牲亚洲为代价产生的。例如，工业革命是在亚洲纺织品的威胁下发生的，欧洲民族国家的形成

是在亚洲局势持续紧张，欧洲趋于和平的背景下奠定了基础。……其中一部分（潮流）即便不是从亚洲反向输入，也是在与亚洲的接触过程中于欧洲形成、转化和加工而成的。可以认为，那些看似欧洲的固有的潮流，是在整个世界的"联动"中产生的。

这里，"联动"是一个不容忽视的关键表述：不同区域之间的相互诱导、不同关系之间的交互作用，靠的是联动。不仅地区和国家间外交政策的执行，需依赖联动，"外交与内政一直是联动的。也就是说，在一般情况下，外交上的问题并非仅仅通过与外国的交涉就能完成。国内党派之间在外交方针上的分歧必然会影响到内政"。

除此之外，还有所谓"橡胶气球"理论："就国际关系而言，整个世界就像一个'橡胶气球'，如果某个地区的紧张局势加剧，那么其他地区的紧张就得以缓和，某个地区局势缓和，那么就会有另外的地区局势紧张。"这原本是历史学家江口朴郎在战后初期提出的观点，在本书中被引申为帝国主义论，用来形容世界不同地域之间的"有机"互动；在对列强角力、争夺殖民地的国际权力场的评价中，则导入了民众运动的维度——也是一种"关系"。

对中国读者来说，这种分析方法确实耳目一新。如对幕末开国的解读，日本史教科书上的公式说法，是以佩里"黑船"来航为标志的美国炮舰外交（所谓"外压"）的结果。可《联动的世界史》却告诉我们，因1853年的克里米亚战争，欧洲局势空前紧张，列强无暇东顾，客观上造成了东亚地区的缓和。幕府统治者审时度势，充分认识到日本的弱国处境，慎重做出了开国的抉择。但随后即确立了与诸列强"等距离外交"的战略,变"消极开国"为"积极开国",同时顺应外交、通商、条约等世界史"潮流",并推动其"本土化",进而为我所用……这种分析框架从根儿上颠覆了传统的所谓"冲击—反应"认知模式,显然更契合日本近代的射程,似更富于解释力。

最后,请允许我扯两句题外话——关于《联动的世界史》的阅读感受。这本书的篇幅虽然不大,信息密度却极高,且由于打破了日本史和世界史的边界,对读者的史学素养和逻辑训练有一定的要求。但惟其如此,阅读此书是一个持续烧脑的旅程。因知识点过度浓密,且不同部分之间链接频密,似乎不大支持"一目十行"式的速读。如能每天读上几页到十几页,边读边思考,一路读下来且不放弃的话,那感觉还是相当美妙的:如乘游轮浮于海,你站在甲板上远眺风景,时而确认手中的海图。视界中的海岸线、岛屿和海图相互提示,游轮仿佛沿着世界史的动线航行。而游轮尾部拖曳出的长长的水线,宛若近代日本的发展轨迹。

刘　柠
2024 年 4 月 21 日
于望京西园

序

从古至今，人与社会都被世界上发生的各种事件所驱动和指引着。这些事件所产生的各式影响，及人与社会对其作出的不同反应形成了人和社会的内核。过去的任何时代都是如此，而在近代，这一点表现得尤为突出。

幕府末期明治维新以后，近代日本人不可避免地被卷入到世界政治、经济、文化动荡中，同时这些动荡使日本人形成了自己的主体性。"民族"和"民族国家"的形成是19世纪世界史的基本发展趋势，在这一过程中，它也影响了整个日本列岛，将人们紧紧地禁锢在"日本国家"这个模子里。同时，这也是日本人接受"日本国民"意识的过程。只是该"日本国家"和"日本国民"的框架，包含了对琉球人、阿伊努人以及后来的在日朝鲜人的歧视。

在这样的近代日本，法律、社会制度、社会运动、社会思想、学问、艺术等，无论从哪个方面来说，都不存在日本特有的产物，所有这些都不过是"世界史在日本"的一种表现形式。

因此，我们能够在各个领域发现"日本之中的世界史"。本系列书籍的七位作者自2014年8月以来，为了发现"日本之中的世界史"，每几个月举办一次研讨会，在政治、经济、文化、艺术、思想、世界史等各自关注的领域不断进行探讨。本系列讲述的正是七位作者用不同方式发现的"日本之中的世界史"。

如今，在世界各地，以本国为中心的政治态度极为强烈，导致人们试图否定从"二战"及之后的悲惨经历中学到的各种普遍价值。日本目前的政治状况有可能使一些战前事物得到恢复和强化，如道德教育、"日之丸"、《君之代》等，甚至可能演变成否定日本宪法的基本理念。

我们相信，通过发现"日本之中的世界史"，可以认识到日本目前这种以本国为中心的政治态度是全球政治趋势的一部分。同时，通过与世界关联，也能在日本国内发现与之对抗的趋势。我们希望能将这种态度传达给各位读者。

2018 年 10 月 17 日

池田忍、木畑洋一、久保亨

小谷汪之、南塚信吾、油井大三郎、吉见义明

目录

前言——联动的世界史 　　　　　　　　　　　　　　　　1

第一章　变革的时代——世界史中的幕府末期和明治维新　　7

　　鸦片战争和欧洲改革
　　　　——紧张局势向亚洲转移　　　　　　　　　　　9

　　欧洲1848年革命与亚洲
　　　　——紧张局势向欧洲转移　　　　　　　　　　　28

　　克里米亚战争及其背后的亚洲
　　　　——紧张局势向克里米亚转移　　　　　　　　　34

　　亚洲大起义及其影响
　　　　——紧张局势向亚洲转移　　　　　　　　　　　47

　　欧洲民族国家的形成及其影响
　　　　——紧张局势向欧洲转移　　　　　　　　　　　67

　　　专栏1　万国史的登场　　　　　　　　　　　　　75

第二章 "民族国家"时代——世界史中的明治国家 79

俾斯麦的"和平"和亚洲的1875年
——紧张局势向亚洲转移 81

俄土战争与柏林条约体系
——紧张局势向中亚和非洲转移 97

从西非到中法战争
——紧张局势向亚洲转移 112

非洲大起义与亚洲
——紧张局势向非洲转移 120

专栏2 万国史的发展 130

第三章 帝国主义时代——世界史中的甲午战争和日俄战争 133

从欧洲的"均衡"到甲午战争
——紧张局势向亚洲转移 135

从南非战争到义和团运动
——紧张局势从非洲向东亚转移 146

德国进军中东与《英法协约》
——紧张局势向中东转移 157

日俄战争时期的世界
——紧张局势向东亚转移　　　　　　　　　　　　164

德国的挑战与《英俄协约》
——紧张局势向中东转移　　　　　　　　　　　　173

两次吞并
——紧张局势向巴尔干转移　　　　　　　　　　　　181

专栏3 从万国史到世界史　　　　　　　　　　　　187

结语——本土化的世界史　　　　　　　　　　　　189

参考文献　　　　　　　　　　　　　　　　　　　192
后记　　　　　　　　　　　　　　　　　　　　　205

前言
——联动的世界史

坂本龙马活跃于幕府末期，因其为建立明治国家提出的政治改革计划——"船中八策"而闻名于世。这个计划是他突然灵光一闪想出来的吗？答案无疑是否定的。他一定是以自己的方式学习了其他国家的先例，并在此基础上去思考日本所该有的面貌。实际上，在此之前他已经读过一些记载国外状况的书籍，如箕作省吾的《新制舆地全图》、斋藤竹堂的《鸦片始末》和长山樗园的《西洋小史》。他还向了解其他各国动向的胜海舟和高杉晋作学习过海外知识。那么坂本龙马提出"船中八策"的举动属于"日本史"的范畴吗？一般来说是的。并且坂本龙马所了解的各国动向，也将被视为影响日本史的"外部契机""国际环境"。但这只是将历史划分为"日本史"和"世界史"来看的结果。如果不进行划分的话，坂本龙马的见解则属于世界历史的一部分。世界历史在日本这个地方，通过坂本龙马得以发展并实现了"本土化"。

如果不作日本史和世界史的划分，那又应该如何探讨世界历史呢？本书所采用的观点是，通过关注世界各地之间的各种"关系"进行考察。正如同为本系列作者的小谷汪之所言，任何社会、民族、国家的历史都不是脱离外部事物完全从内部发展而来的，而是通过与其他社会、民族和国家之间缔结各种关系，在这些关系的各种作用下发展起来的。将社会、民族、国家之间的相互作用视为外在因素，只从各个社会、民族、国家的内在因素来探讨历史发展的方法，是支持划分日本史和世界史的基础。这里提到的"各种关系"和"各种作用"又具体是什么意思呢？

本书选择以国际关系史为基础，从"关系"的视角出发探讨世界历史。书中描写的是1840年至1910年的19世纪的世界，在广义上可以被称为帝国主义时代，这一时代形成了世界各地有机联系的世界史。就国际关系而言，整个世界就像一个"橡胶气球"，如果某个地区的紧张局势加剧，那么其他地区的紧张就得以缓和，某个地区局势缓和，那么就会有另外的地区局势紧张。这是历史学家江口朴郎在《第一次世界大战前史概说》中提出的观点。此后，江口朴郎将这一论点发展为帝国主义论，将人民运动纳入国际权力关系中加以探讨。如果照这样思考，民众运动的确影响着列强的国际关系，如通过抵制列强的权力政治成为其镇压的对象，或者通过威胁和动摇地方权力引发列强之间的冲突，又或者威胁列强之间相互妥协，约束和制衡权力政治动向等。这也进一步印证了上述具有"橡胶气球"特征的"关系"。

另外，本书还认为，在这些"关系"下，世界各个地区的历史是"联动"的。所谓"联动"，是指通过某种"关系"，各地区的历史在相互作用或多种作用下发展。在相互关联中，各地区会不时地接收来自整个世界的基本或主导"潮流"。世界历史的主导"潮流"（Tendenzen）是19世纪德国历史学家兰克在他所著的《世界史》中使用的一个概念；他当时所思考的潮流是君主制和人民主权。世界各地对这种世界史潮流或反抗或接受，并以某种形式将其本土化。通过这个过程，一个地区的历史便与其他地区的历史发生"联动"。因此，我们不能只关注紧张局势的转移，更重要的是观察旋涡之外局势缓和地区的历史发展。

从这种"关系"和"联动"的角度看，哪个地区"先进"、哪个地区"后进"就不再是问题。如果世界上的某个地方是先进的，那么同样的先进就不会在其他地区成立。同样，以往那种欧洲与亚洲相对立的观点，以及认为迄今为止的世界史一直以欧洲为中心，所以这次应该以亚洲为中心的观点，都不会被采用。总而言之，世界历史中不可能再采取以某处为"中心"的观点。

那么，应该如何在世界各地的"关系"与"联动"中把握从幕末维新到日俄战争期间的日本历史呢？本书的另一目标就是从外国史研究学者的角度来探讨这一点。

早在1950年代，历史学家石井孝就在《明治维新的国际环境》一书中分析了英、法和其他列强的对日政策对幕末维新时期日本政策决定产生的影响，从而发现了"国际契机"在明治维新中的重大意义。1960年代，历史学家远山茂树和芝原拓自就外在契机在明治时期日本发展中的意义展开了辩论。远山认为，"从1864年太平天国运动被镇压、四国联合舰队攻击长州开始，到1884年中法战争之间的约20年时间里，东亚地区的直接外部压力相对缓和"。其理由是，除了以印度民族大起义和太平天国运动为代表的亚洲各民族抵抗运动的影响，以及欧美资本主义国家人民政治话语权的强化之外，列强冲突的主要舞台是在欧洲内部、巴尔干和中近东地区，获得殖民地的主要方向是中国、日本和朝鲜周边的亚洲地区以及非洲。对此，芝原提出了诸多批判，但基本观点是，对直接外部压力的过分强调会影响对其他"和平压力"的正确评价。

进入1980年代，辩论以更广阔的视角重启。在《黑船前后的世界》中，历史学家加藤佑三在探究了该时期与日本相关的世界史（对加藤来说，世界史意味着外国史）后，批判了"将中国和日本分开研究"或"以欧美为中心研究日本或中国"的传统世界史。他提出，应将这一时期的世界史"作为同时代史"进行探讨，并在幕末开国史的研究中纳入日本、中国（以及整个亚洲）、欧美这三者的"关系史"。仿佛是为了响应这一提议，历史学家宫地正人重新构建了日本史，在其中强调了应对国际政治的过程如何决定了国内政治的基本动向。此后，意识到国际关系对于日本史的意义，以及日本史与世界史的关联后，井上胜生、三谷博、青山忠正和横山伊德等历史学家展开了新一轮辩论。例如，青山忠正在回应宫地正人时，主张外政与内政联动，他提出："外交与内政一直是联动的。也就是说，在一般情况下，外交上的问题并非仅仅通过与外国的交涉就能完成。国内各党派之间在外交方针上的分歧必然会影响到内政。"

除了充分运用这些观点，本书还尝试打破"日本史"这一历史框架。一般所说的外压、外在契机，实则可能是世界历史发展的一种表现形式。日本历史的发展是世界历史动向的一部分，那么它本身是否也可能被当作"外在契机"呢？是否可以说日本史中出现的外在契机是世界史潮流在日本"本土化"的现象呢？通过"关系"，世界史潮流在日本蔓延，使世界其他地区的历史与日本这片土地的历史发生"联动"。这就是"日本之中的世界史，世界史中的日本"这一视角。

19世纪后半叶的日本历史是利用世界权力关系的旋涡发展的，有时利用旋涡边缘的形势，有时利用旋涡中心的形势。在这些形势之中，吸收世界历史的潮流及其伴随的问题，经过一番取舍抉择之后，使其本土化，最终创建明治国家。思想史学家子安宣邦曾说"日本的近代化意味着主动将自己纳入发源于欧洲的世界秩序或世界史"，他可能也想到了这一视角吧。

本书的时期划分如下：
变革的时代——世界史中的幕府末期和明治维新（1840—1875）
"民族国家"时代——世界史中的明治国家（1875—1890）
帝国主义时代——世界史中的甲午战争和日俄战争（1890—1910）
总体来说，1840年至1875年是一个自然发生的各种事件相互联动的时代。1875年至1890年是个性鲜明的首脑为调动"民族国家"的力量采取一系列政策措施，让各种事件相互联动的时代。1890年至1910年是狭义帝国主义时代，列强的动向在很大程度上取决于与人民运动的关系，由此产生了一个世界各大事件相互联动的时代。

本书描写的历史并非基于一些新的史料，而是以现有的史书为基础，目的在于尝试从"关系"和"联动"的视角出发，在不区分日本史和世界史的情况下描绘出世界史的全貌。因此，针对外国史，大多是从与日本的直接或间接关系来描述。而针对日本历史，也是基于它与世界史联动的一部分展开讨论。换言之，它揭示了用新的视角重新审视历史事实时,我们能够写些什么。本书的中心任务,应该是赋予那些在以往的历史记述中被忽视、轻视、放弃的历史事实以新的意义。本书以世界各地为舞台,展开了很多假设性的讨论,可能包含种种误解。若能得到各位读者的批评和指教,将不胜感激。

第一章

变革的时代
—— 世界史中的幕府末期和明治维新

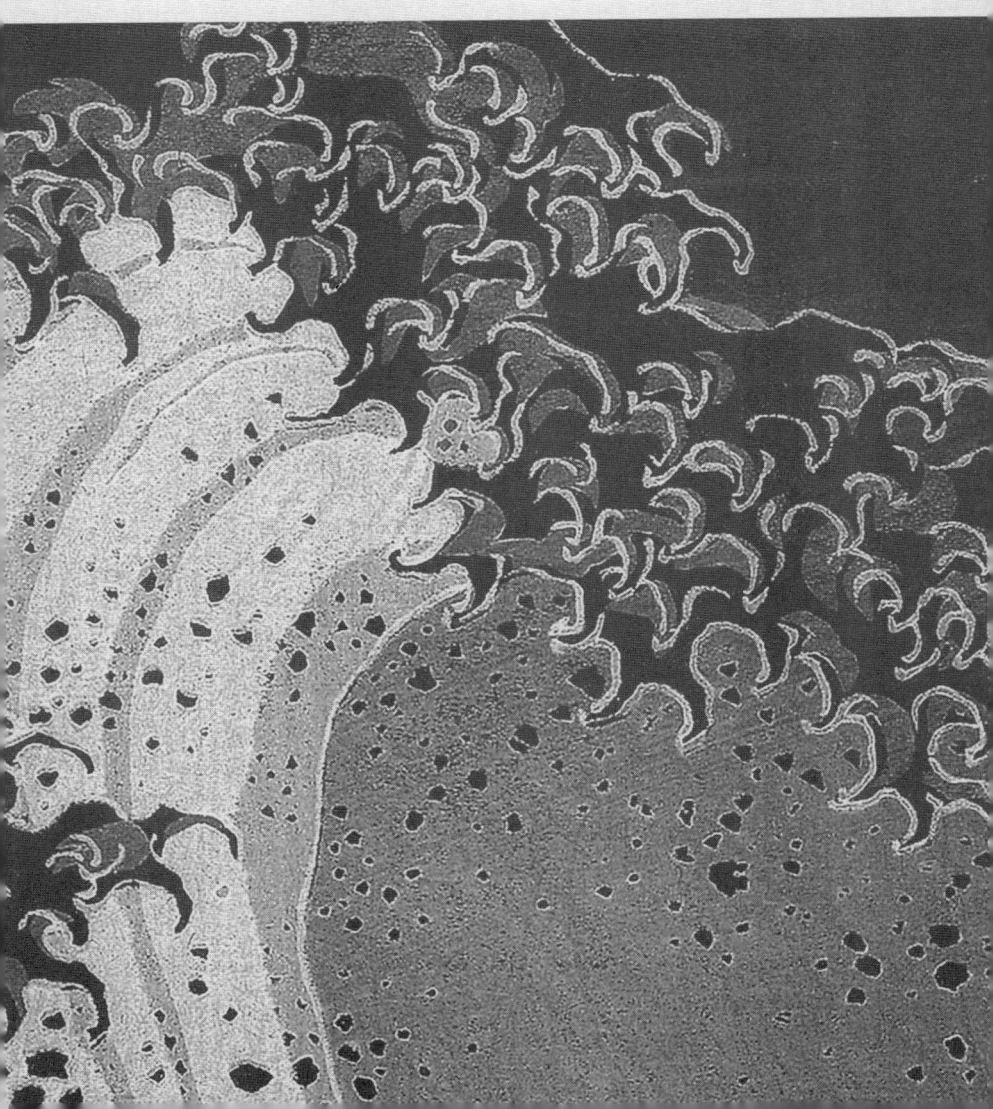

本章概要

　　1840年代,世界紧张局势主要集中体现在反抗西欧列强向亚洲扩张的鸦片战争上,相对的,另一边欧洲的紧张局势出现缓解,为各种改革提供了可能性。在1848年革命成果的影响下,紧张局势向欧洲转移,亚洲的紧张局势则逐渐缓和。1848年革命刚刚平息,克里米亚战争(1853—1856)的爆发又引发了新一轮紧张局势。与此同时,在亚洲紧张局势持续缓和期间,太平天国运动爆发,日本因"黑船"事件被迫开港。克里米亚战争刚结束不久,列强便开始正式向亚洲扩张。受此影响,1856年至1868年间,印度、中国和越南出现了所谓"亚洲大叛乱"的紧张局面;在此期间还发生了日本的"积极开国"、美国的南北战争和俄国"大改革"。另外,亚洲的"大叛乱"为欧洲掀起经济热潮提供了可能性,并为"民族国家"的形成奠定了基础。在其影响下,1864年至1870年间爆发了一系列战争,欧洲民族国家由此诞生。在欧洲紧张局势的背后,亚洲局势有所缓和,明治维新得以顺利推行。

鸦片战争和欧洲改革
——紧张局势向亚洲转移

在欧洲"势力均衡"的背景下,英美俄向亚洲扩张

势力均衡

《万国新史》(1871—1877)是日本明治初期的西方学者箕作麟祥所著,此书从英俄两国在亚洲的角逐入笔,描述了法国大革命和维也纳会议后的"万国史"。书中还论述了英俄围绕印度、伊朗、赫拉特和阿富汗的争夺,最后详细论述了鸦片战争。箕作准确地抓住了欧洲动荡结束后,以英俄为代表的列强之间的矛盾向亚洲转移的过程。自箕作的《万国新史》之后,西亚和中亚的历史几乎无人提及,直到20世纪初坂本健一和高桑驹吉等人所著的《世界史》出现。《万国新史》可谓独树一帜。借由此书,人们开始将欧洲历史和东方历史联系起来。而这场英俄在亚洲的角逐,就是19世纪末期被称为"大博弈"的英俄帝国中亚争霸战。虽然这是列强单方面的命名,但它在某种程度上反映了西方列强的思维角度,所以作者决定在此处借用。

欧洲国际关系的稳定,为英俄在亚洲的扩张提供了可能性。在欧洲,1814年至1815年间维也纳会议召开,旨在恢复拿破仑战争之后的国际秩序;会议之后,各地兴起了争取民族(nation)独立和人民自由的革命。1820年代,革命浪潮席卷地中海沿岸的西班牙、意大利和希腊等国家,并扩展到拉丁美洲。但是,随着1830年法国七月革命、

比利时独立战争和波兰起义的结束，革命的时代落下帷幕；列强国君主间结成联盟，形成了所谓的"维也纳体系"。君主制复活，革命运动被镇压，列强之间通过外交手段解决矛盾，并在英国压倒性的军事和经济实力下形成"势力均衡"（Balance of Power）的格局，直到1848年欧洲各国爆发革命。在此之前，欧洲内部暂无发生战争的迹象。

在欧洲紧张局势缓和期间，英俄成功将势力扩张到欧洲之外。1848年之前，结束工业革命的英国成为欧洲唯一的工业化资本主义国家，真正拥有全球性政策和全球性海军。能与之抗衡的除了在革命与战后开始衰退的法国，就只有拥有强大陆军的俄国。无论是英国还是俄国，其东扩之路都不会被其他欧洲列强阻挡。

随着工业革命的发展，英国为寻找海外市场向拉丁美洲、北非和亚洲扩张。直到1830年代，英国的扩张仍然很有限，只满足于占领对其建立世界规模的海军和发展贸易具有重要作用的据点，包括开普敦、锡兰、新加坡和中国的香港等。英国意图通过占领他国土地，在没有行政负担的情况下开展世界贸易（这被称为"非正式帝国主义"）。但印度是例外，早在18世纪中叶，英国东印度公司就开始对印度殖民。印度市场巨大，是进入东亚地区的突破口，因此也就成了"正式帝国主义"的目标。英国为了确保前往印度的路线畅通，与俄国进行微妙接触，并试图控制奥斯曼帝国、伊朗、阿富汗等国家。让我们参照箕作的《万国新史》，来看看英俄是如何博弈的吧。

奥斯曼帝国

1820年代的希腊和1830年代的塞尔维亚、埃及先后兴起争取

"自由独立"的民族解放运动，动摇了奥斯曼帝国的统治。对此，俄国主张奥斯曼帝国解体，英国则希望保全帝国，英俄从各自的立场进行了干预。1821年希腊独立战争爆发，得到埃及（奥斯曼帝国的行省）助力的奥斯曼帝国与英法俄支持的希腊交战，最后希腊取得胜利。奥斯曼帝国于1829年签订《亚得里亚堡和约》，承认希腊独立自治。另外，塞尔维亚也于1830年在俄国的保护下独立。之后，在英国的经济侵略下，奥斯曼帝国于1838年被迫签订通商条约（《巴尔塔-利曼条约》）。由此，奥斯曼帝国确认了此前赋予非穆斯林的人身、财产安全等通商特权，放弃了关税自主权，赋予治外法权，允许英国企业自由从事经营活动。这成为不平等条约覆盖世界各地的开始。

为适应这种自由市场化，奥斯曼帝国于1839年根据"御园敕令"开始了坦齐马特改革。除了军事改革和官僚制度的整顿之外，此次改革还顺应这个时代的自由主义潮流，旨在将奥斯曼帝国重建为一个近代法治国家，法律面前不论宗教，人人平等，保障人民的生命、名誉、财产权等。面对国内外双重危机，奥斯曼帝国迅速在国内推行了改革。

1830年代，奥斯曼帝国面临着埃及叛乱的威胁。穆罕默德·阿里在埃及建立了近乎独立的政权，并推行近代化改革。据箕作的记载，阿里"将埃及的土地私有化，在境内实施专政，将国家权力集于一身，独占国内生产利润，甚至还强制将人民编入兵籍"。"这是面对西方列强的入侵，非西方世界力图建立独立自主的近代国家的最早尝试之一"，也被称为"过早的明治维新"。埃及通过在希腊独立战争中派兵支援奥斯曼帝国，换取了对苏丹的统治权；1831年，埃及为取得对帝国内的叙利亚的行政权，引发了"第一次土埃战争"，又在1839年的

"第二次土埃战争"中击败奥斯曼帝国,意图占领叙利亚。

英国等列强相继出面干预,1840年,英国、俄国、奥地利和普鲁士签订了《伦敦条约》。该条约在承认穆罕默德·阿里对埃及的世袭统治的同时,迫使其放弃除苏丹以外的征服领地,并规定《巴尔塔-利曼条约》适用于埃及。这样一来,适用于奥斯曼帝国的关税等条款将同样适用于埃及,使埃及遭受经济上的打击。这些条约的影响力也在逐渐"向东"蔓延。此后,西方列强开始"向东"应用在与奥斯曼帝国的接触中学到的外交之术。大概是在知晓这一点的基础上,箕作在《万国新史》中详细记载了埃及和奥斯曼帝国被列强操控的情形。

本书中,将这一时期各民族为从奥斯曼帝国统治下独立而进行的种种斗争称为"巴尔干化"[1]。希腊与埃及本可以联手对抗奥斯曼帝国,争取独立,但埃及站在了帝国一方,对在进行独立战争的希腊发起攻击。此后,这样的现象也将出现在包括日本在内的亚洲。

西亚及南亚

在与奥斯曼帝国相邻的伊朗卡扎尔王朝[2],英俄之间的矛盾更为突出。19世纪初以来,俄国将包括格鲁吉亚、亚美尼亚和阿塞拜疆在内的南高加索地区纳入版图,并从1810年代开始向北高加索地区扩张。箕作的《万国新史》重点描述了英俄的"东扩"之路。其中,更针对

---

1. 今天,"巴尔干化"是指分裂为小国,这是1991年南斯拉夫解体后开始被使用的一种新表达。《巴尔干史》(柴宜弘编著)将巴尔干各国相互对抗的现象称为"巴尔干化",本书采用的正是该用法。——作者注
2. 亦译恺加王朝。(本书脚注若无特别说明,都为编者注)

俄国向高加索以东的扩张作了详细介绍：1828 年，俄军在俄伊战争中获胜，迫使伊朗签订《土库曼恰伊和约》，"震慑波斯（伊朗），威胁土耳其，展露了从小亚细亚逼近君士坦丁堡的势头"。此外，关于英俄在伊朗的争夺，书中还指出，"曾盛极一时、称霸亚洲南部的大国（伊朗）沦为英俄两国的争夺之地""近年国势趋于衰颓"，因《土库曼恰伊和约》其内政受俄国干涉，被煽动进攻"波斯和阿富汗之间的要塞"赫拉特，被卷入英俄之间的赫拉特之争。此处箕作提及的《土库曼恰伊和约》极为重要，是表明伊朗承认治外法权并丧失关税自主权的不平等条约。1841 年，英国将签订类似的通商条约。连同前面提到的《巴尔塔-利曼条约》，类似条约陆续"向东"施加影响力。英俄在伊朗的侵略扩张遭到当地民众的反抗，最终导致 1848 年的巴布教徒起义。

在伊朗以北的中亚地区并存着三大汗国，即由信仰伊斯兰教的乌兹别克人建立的浩罕汗国、布哈拉汗国和希瓦汗国。19 世纪中叶，俄国侵入这个地区。箕作认为，俄国人"若能将中亚和中国新疆南部据为己有，则可以打通从乌拉尔山脉到亚洲腹地的捷径，为俄国带来便利，因此长期以来一直试图征服此地"。1839 年冬，俄国向扣押着大量俄国奴隶的希瓦发起远征。俄军虽遇到抵抗，陷入苦战，但最终还是会与英国在希瓦争夺权力。

继伊朗之后，英国又意图控制阿富汗。箕作准确洞悉，英国"如果不将喀布尔纳入其统辖之内，就无法保障印度领地的安全，因此试图干涉喀布尔的内部事务"。1839 年，英国东印度公司横渡印度河，于 8 月占领喀布尔。然而，"阿富汗人并不甘心接受英国人的统治"，于 1841 年 11 月向英军发起反攻，英国"兵力不足，最终投降并签订和约,以维持暂时的和平"。正如箕作所说,即使英国在俄国入侵之前进攻阿富汗,也势必遭遇抵抗,陷入苦战。

箕作对英国在印度的扩张也进行了详尽的描述。"起初,英国在印度的领地由英国政府下辖的东印度公司(East India Company)统一管理,随后又渐渐侵略邻邦小国,吞并其土地。"拿破仑战争期间,英国与马拉塔王国交战,统治了德里、阿格拉、加尔各答等地。1815年至1818年,马拉塔王国发起反抗英国的战争,但最终以失败收场。最后,"印度全境,南达科摩林角,北至喜马拉雅山脉的高峰,超1.6亿人民,无一人不受英国管控"。箕作还提到英国进一步向印度以东的缅甸、新加坡和马六甲扩张,并与荷兰对抗。就这样,英国一边提防俄国,一边"向东"扩张,而在日本的箕作很早就注意到了英俄与亚洲之间的这种关系。

东亚

当英俄大博弈的火苗在西亚和南亚地区萌发之时,东亚各国之间保持着以中国为中心的宗藩关系(华夷秩序)。从中国方面来看,蒙古、西藏、新疆是其统治下的"藩部",朝鲜、琉球、泰国、越南是与其保持朝贡关系的"属国",而与日本之间则是没有朝贡、来而不往的"互市"关系。其中,中国、朝鲜、日本、越南等国建立了在西欧看来无异于"闭关锁国"的制度,极大地限制了对外关系的发展。在中国宗藩关系影响下的各国难以接纳欧美的"外交"方式(包括条约在内),及以"线与空间"划分国家领土和边界的思想。而随着西方列强(最终是日本)的入侵,这种秩序逐渐被西方国际关系所取代。

拿破仑战争时期，俄国和美国在东亚展开侵略活动。1804年，俄国为寻求通商，派遣特使雷扎诺夫远赴日本长崎。谈判失败后，雷扎诺夫在返途中袭击了萨哈林岛[1]和伊图鲁普岛[2]。此后，受拿破仑远征俄国，以及前面提到的与伊朗和奥斯曼帝国交战的影响，俄国暂时停止向东亚扩张。在此期间，美国为促进其东北部纺织业的发展以及寻求其他利益，开辟了一条从大西洋绕过好望角，途经印度洋通往中国的航线。甚至还有美国捕鲸船队绕过拉丁美洲南部，进入太平洋。如此一来，美国人在去中国的途中顺便来到日本，或为寻找捕鲸基地来到日本周边的情况也越来越常见。与此同时，随着拿破仑帝国的建立，被法国控制的荷兰与将法国视为敌人的英国之间的对立关系波及亚洲，英国开始对驶入中印航道的荷兰船队严加防范。1808年，英国军舰"费顿"号入侵长崎——当时的荷兰商馆所在地。但英国的目的只是确保中印之间航线的安全，以便最终进入中国市场，在对日政策上的表现并不积极。

1810年代到1830年年末，自维也纳会议召开后，"欧洲通过推行势力均衡政策恢复稳定，另一边的亚太地区则出现了新动向"。出现这一局面的原因正是英国的侵略扩张。

英国意图以1819年占领的新加坡为据点进军印度以东，荷兰旨在恢复对包括爪哇在内的东南亚地区的控制，两国之间相互对抗，直到1824年英国与荷兰签署《伦敦条约》[3]，此次对抗才宣告结束。该条约

---

1. 即库页岛，日称桦太岛。
2. 日称择捉岛。
3. 又称《英荷条约》。

规定,"以通往中国的东印度航线为分界线,右侧为荷兰的势力范围,左侧为英国的势力范围",荷兰承认英国对新加坡的统治。这样一来,在除爪哇岛以外的东南亚地区,英国压制了缺乏有效统治的荷兰,并于1826年建立了由新加坡、马六甲、槟榔屿等组成的海峡殖民地。此外,英国还向缅甸贡榜王朝[1]扩张,自1824年以来发动了数次英缅战争。

英国还开始向中国扩张。为了与清政府统治下的中国开展贸易,在意识到中国对棉花产品并没有需求后,英国便以在印度生产的鸦片为贸易商品。由此,"英国向印度输出棉纺织品——印度向中国输出鸦片——中国向印度进而向英国输出白银"的"英印中三角贸易"格局形成。在此期间,英国接近琉球群岛和朝鲜半岛,并开始与日本接触。此时,幕府天文学家高桥景保准确把握了欧洲的局势,正确地理解了欧洲国家向亚洲扩张的意义。他指出,欧洲各国的"兵乱"结束,局势趋于缓和,随着通往"东海"的航线的"成熟",英国的捕鲸船开始大量出现。针对英国的动向,幕府重新调整了对外政策,于1825年颁布了《异国船驱逐令》。此时,英国依然没有采取向东亚殖民的政策,而是"试图通过基本维持当地政权,并对其施加影响来实现通商利益的最大化",但当时的日本似乎并没有认识到这一点。

到1830年代,日本周边的捕鲸活动愈加活跃,澳大利亚的捕鲸船开到了虾夷[2],每年都有英美船只停靠在小笠原群岛,外来定居人员也不断增多。此外,经由琉球、长崎、虾夷和对马(四口)进出口的商

---

1. 亦译雍籍牙王朝。
2. 北海道旧称。

品也越来越多样化。在此背景下，美国开始重视太平洋交易，在1830年代尝试了与亚洲各国建立外交关系。1837年，美国贸易商社（奥利芬特洋行）的"莫里森"号从广东驶往浦贺，除送返遭遇海难的日本"漂流民"[1]外还寻求与日本通商，却因《异国船驱逐令》遭到炮击，被迫返航。由于荷兰商馆馆长绘制的海外情况报告书——"风说书"[2]提供了错误信息，"莫里森"号被幕府当作英国船只，遭到拦截。日本误以为英国要提出保护漂流民和通商等要求，产生了危机感，认为单纯的驱逐不能解决问题，于是对驱逐令进行了重新考量。1839年，渡边华山和高野长英因批判《异国船驱逐令》获罪（"蛮社之狱"），但意识到外交危机的并不只是像这两位一般拥有深厚外国学识的兰学[3]学者，幕府内部也产生了共识。因为该对外政策，国内政治也开始遭到批判。

1830年代，法国开始向越南扩张。从17世纪开始，法国就向越南派遣了基督教传教士，在拿破仑战争的动乱平息后，又派遣使节，寻求通商。越南阮朝担心基督教的传播会导致社会道德体系崩溃和社会纽带松弛，因此相比开展对外贸易，更加重视禁止传教。1825年，越南禁止基督教传教士入境，并在1832年以后加强了对基督徒的镇压。1833年，基督教传教士参与农民起义，成为禁教的决定性因素，导致同年至1838年期间共七名传教士被处决；这也成为后来法国入侵越南的借口。法国通过传教活动，进一步向琉球和朝鲜扩张。从1830

---

1. 漂流民：日本锁国时期遇险后在海上漂流的船只上的人员。
2. 原文"風說"，本义为谣言、传闻。日本江户时代长期实行锁国令，仅对外开放长崎港，允许中国、荷兰商船通商。入港的外国商人必须接受询问，详细讲述外部世界的情况，由此形成的书面报告被称为"风说书"。
3. "兰学"是对18—19世纪经荷兰人、荷兰语传入日本的西方学问的统称。

表1　英国海军的全球部署

年 地域	1835 舰数（艘）	1835 兵员数（人）	1840 舰数（艘）	1840 兵员数（人）	1845 舰数（艘）	1845 兵员数（人）
东印度	15	2 079	20	4 055	22	4 196
中国						
澳大利亚	—	—	—	—	—	—
太平洋	14	2 091	6	596	14	3 700
美国东南海岸			17	1 730	9	1 404
好望角	13	1 065	20	1 528	9	1 568
非洲西海岸					26	3 030
北美和西印度群岛	28	3 294	30	3 231	13	2 380
地中海	23	6 236	37	10 206	22	3 895
加拿大	—	—	5	400	3	68
波罗的海	—	—	—	—	—	—
本国海域	74	4 913	106	10 604	112	14 713
共	167	19 678	241	32 350	230	34 954

（横井胜彦《亚洲海域上的大英帝国：19世纪海上统治的构建》）

年代开始，便有法国传教士潜入朝鲜并遭到杀害的事件发生。

上述西方列强中，英国的侵略扩张活动最为活跃。在欧洲的"势力均衡"时期，完成了工业革命的英国正在世界范围内寻找原料市场和产品市场，在提防俄国的同时以印度和中国为目标，遵循资本逻辑展开了动态扩张。最终，鸦片战争在此背景下爆发。

中国的反抗：鸦片战争及其影响

从亚欧关系来看，鸦片战争是为了与亚洲棉纺织品对抗而率先完成了工业革命的英国向亚洲扩张，中国人奋起反抗的战争。进一步说，

1850		1855		1860		1867	
舰数（艘）	兵员数（人）	舰数（艘）	兵员数（人）	舰数（艘）	兵员数（人）	舰数（艘）	兵员数（人）
20	3 189	23	3 826	65	7 561	7	1 275
						38	4 447
—	—	—	—	6	1 090	6	1 367
13	2 558	10	2 602	15	3 625	14	3 321
9	1 015	8	1 207	8	1 262	9	1 115
9	917	7	482	9	1 581	3	446
25	2 543	12	1 145	15	1 924	19	1 894
13	1 877	19	3 784	22	3 158	29	5 488
28	8 264	54	18 871	38	15 360	19	5 207
2	59	—	—	—	—	—	—
—	—	38	12 899	—	—	—	—
94	12 819	96	21 227	127	29 398	132	19 685
213	33 241	267	65 989	305	64 959	276	44 245

是以英国为代表的欧洲势力向亚洲扩张，亚洲人奋起反抗的战争。

如前所述，英国的棉纺织品虽然拿下了印度市场，但中国市场对其并没有需求。为此，英国从中国进口茶叶和丝绸时，不得不以白银结算。于是，英国在印度和中国之间建立了"三角贸易"，将印度生产的鸦片强行卖给中国，换取中国的茶叶和丝绸。这样一来，英国就避免了本国的白银外流。但是，这种鸦片贸易遭到了中国的抵制，最终导致鸦片战争爆发。随着1833年英国东印度公司对华贸易独占权的取消，以英国商人为首的许多西方商人都加入印度鸦片对华贸易。在这种情况下，清政府采取了严禁外国鸦片的政策，与英国发生冲突。英国商人对中国的差别化贸易管理政策感到不满，这些政策具体表现为将对外贸易限制在广州一地,让特定商人垄断贸易。根据箕作在《万国新史》中关于鸦片战争经过的描述,英国曾试图"将产自其印度领地的商品运往中国",以促进"贸易繁荣",但"因本国人民多次受到中国官吏的羞辱,忍无可忍",继而发动战争。

1840年6月,英国舰队封锁广州,鸦片战争正式爆发。英国陆海军部队也已经从印度出发。截至8月,英国陆海军部队由16艘战舰以及4000名陆军士兵组成。英军不仅要应对清朝政府,还要应对广州等地的民众起义,因此不得不在1842年春调遣6750名印度雇佣兵,即"西帕依"(sepoy)[1]。经过一番苦战,英国于1842年8月29日成功迫使清朝签订了《南京条约》。

战争结束后,中英双方于1842年签订《南京条约》,1843年又签订了追加的《虎门条约》。这些条约条款规定:中国割让香港岛;开放广州、上海等五处为通商口岸;支付赔款;废除公行制度,准许英商在华自由贸易;承认领事裁判权(治外法权)、片面最惠国待遇、协定关税(丧失关税自主权)。此后,清朝于1844年先后签署了《望厦条约》(中美)和《黄埔条约》(中法)。在《南京条约》的基础上,《望厦条约》还明确规定了美国享受领事裁判权;《黄埔条约》中则规定了法国天主教传教士可自由进入中国。

当时的清朝并没有清楚地意识到这些条约的不平等性,只将其看作符合既有秩序观和对外贸易方式的西洋条约。从结果来看,这些条约还标志着1828年的《土库曼恰伊和约》和1838年的《巴尔塔-利曼条约》

---

[1]. 旧时英国军队中的印度兵。——译者注

等不平等条约的扩大，终于与东亚产生了"联动"。此后，迫使签署条约的国家开放指定港口，并要求当地与西方商人在平等的立场上进行贸易，以治外法权保障西方人在条约港口周边地区的生活，从而实现开国——这成了西方列强的侵略方式。这便是所谓的"条约口岸体制"。以英国为首的列强试图利用该体制，在东亚建立一个"非正式帝国"。

对于勉强克服议会中的反对意见而开战的英国来说，鸦片战争需耗费的军费和兵力都十分惊人。因此，英国不得不派遣被称为西帕依的印度兵，与同为亚洲人的中国人作战。此外，如前所述，鸦片战争期间，英军在阿富汗也陷入苦战。若非有欧洲"势力均衡"体制的保障，英国恐怕也无法发动如此大规模的战争。正因为欧洲的局势缓和，亚洲的局势才紧张起来。

1840年代初，当英国忙于鸦片战争和及其战后事宜时，俄国、美国和法国正不断扩大在太平洋和东亚的势力。与英国进行大博弈的俄国密切关注鸦片战争的结果。英国通过《南京条约》占领香港，并迫使清朝开放上海以南的港口，扩大海上贸易。对此，俄国感到强烈的不安。出于这样的担忧，1843年，俄国海军少将普佳京奏请向中国和日本派遣远征队。该提议虽得到沙皇尼古拉一世的批准，但最终因外交大臣们不想挑衅英国而未能实行。

这一时期的美国正专注于处理本国的对外关系，在阿拉斯加南部边界和加利福尼亚北部边界问题上与英国对峙，同时为了占有加利福尼亚，与墨西哥的矛盾愈演愈烈。尽管如此，鸦片战争结束后，美国仍通过与中国签订《望厦条约》，促使上海等港口对其开放，并以向太平洋扩张为目标，与英国对抗。美国东部的捕鲸业进一步发展，1845

年4月，美国捕鲸船"曼哈顿"号来到了浦贺，在将日本漂流民送返浦贺奉行所后就离开了。《异国船驱逐令》已于1842年8月废除，因此"曼哈顿"号没有遭到炮击。

在这种形势下，1845年，美国下议院议员布拉特向国会提交建议书，要求日本开国。也许他的建议书谈不上意义重大，但在此之后，美国东印度舰队司令长官比德尔被派往日本，担任特使。1846年7月，比德尔的舰队抵达浦贺，并向浦贺奉行所提交了一份文件，请求日本实行对外开放和通商。比德尔未与日本人进行谈判便返回了美国，据说他匆匆回国的原因是1846年5月美墨战争（1846—1848）的爆发。

法国于1830年占领阿尔及利亚后，继续推行殖民扩张政策，意图从亚洲的南部进入中国市场。于是以鸦片战争为契机，法国开始实施"东亚政策"。1844年《黄埔条约》签订后，法国正式开始向中国扩张。为了在越南建立据点，法国以本国传教士被杀害为借口，开始入侵越南。由于遭遇越南的抵抗，法国于1847年炮轰岘港，杀伤了许多越南民众。与此同时，法国进一步北上，向东亚扩张。1844年4月，法国军舰抵达琉球，要求琉球王国开国和允许传教。虽然交涉不成功，但这是琉球与西方列强之间的首次谈判。1846年6月，法国派出"印度支那舰队"，访问琉球、长崎和朝鲜，试图建立"长崎—琉球—法国"过境贸易模式。萨摩藩对此非常重视，并建议幕府通商。最后，幕府将琉球定位为幕藩制国家的"外地"[1]，批准了琉球与法国通商。然而，由于1848年法国二月革命的爆发，通商最终没有实现。

---

1. 第二次世界大战结束之前，日本对在外侵占的领地的称呼。

另一方面，英国在鸦片战争之后忙于处理战争遗留问题，无力再向中国的其他邻国扩张。在签订《南京条约》后，英国未能彻底打开中国的五个通商口岸，因此只能着力于对周边海域进行勘测或让传教士在琉球开展传教活动。在这个时期，英国的政府方针并不包含与日本接触。据三谷博讲述，1845年5月，驻华全权使臣兼商务监督戴维斯向英国国内提出向江户派遣使节的建议，并取得同意，计划于1846年4月以后启程前往日本。然而，由于舰队规模不足，加上美国比德尔"失败"的消息传来，戴维斯将目的地改为交趾支那[1]，该计划最终未能实施。英国推动日本开国的计划未再重启，原因是"在欧洲局势恶化的情况下，驻扎在清朝的舰队只有小部分被保留，并且中国仍然纷争不断"。这里值得注意的是"欧洲局势恶化"，这是后面将论及的自1846年波兰起义以来，一系列与1848年相关的重大变动的开端。1848年革命的影响又将波及东亚。

就这样，鸦片战争之后，东亚成为俄国、美国、法国以及英国（某种程度上）谋求利益之地。"此前没有被欧洲列强征服的太平洋和东北亚地区"也在范围之内。然而，列强的侵略扩张尚未全面展开。接下来，我们来看看在此期间日本列岛的动向。

鸦片战争和日本

很快，驶往长崎的中国船和荷兰船将鸦片战争和清朝战败的消息

---

1. 即越南南部、柬埔寨东南方地区，法国殖民统治时代称之为交趾支那（Cochinchine）。

传到了日本。从 1840 年开始，荷兰巴达维亚[1]殖民地官厅开始制作"别段风说书"[2]，7 月送达日本的第一部《别段风说书》称，由于"中方的非人道行为"，英方为"复仇"而出兵。按书中的说法，英国出兵反倒成了有理可依。但是，同年 12 月，长崎奉行让唐通事[3]编写的《唐风说书》完成，书中告知，是英国贩卖有害鸦片的政策和清朝严禁鸦片的政策正面冲突，最终导致了战争。尽管清朝是正义的一方，但众所周知，英国在军事实力上更占优势。就这样，日本政客在从书中获取大量外界信息的同时，逐渐正确了解了鸦片战争的事实和英国侵略扩张的危险性，并设法应对这种危险。正是这场鸦片战争带来的外部危机，转变成了日本国内的政治危机和"天保改革的重要时机"。1841 年（天保十二年）年初，幕府在老中首座水野忠邦的领导下开始实行"天保改革"，于次年（1842 年）撤销《异国船驱逐令》，并颁布《薪水[4]给予令》，还加强了海防，继续推进改革。由此，世界的动向和日本国内的动向有机地交织在了一起。

在天保改革期间，荷兰国王派使节于 1844 年带着写给"大日本国君"的"亲笔信"来到长崎，劝说幕府开国。这封亲笔信是从日本回国的西博尔德[5]起草的，历经半年左右，于 8 月 15 日由荷兰军舰送到长崎。这封信相当准确地传达了当时最新的世界形势，是研究当时幕

---

1. 今雅加达。
2. 带有特殊的、专题性质的风说书。
3. 江户时代长崎奉行下面为中国船只设立的译官。
4. 燃料和淡水。
5. 西博尔德（Philipp Franz von Siebold，1796—1866），德国内科医生，1823 年作为荷兰贸易站的医生抵达长崎出岛，在日本生活了六年。

府所持有的"世界观"的绝佳材料。

信中首先告知,在最近英国与清朝的战争(即鸦片战争)中,由于欧洲"兵学"占优势,清朝战败,遂约定"和解",开放五港作为"通商地",还顺便阐述了英国扩张的背景。三十年前的欧洲"大动乱"(即法国大革命和拿破仑战争)结束后,各国人民渴望安稳的生活。因此,各帝王开辟通商之路,以谋求百姓的富裕。当时,制造机器的技术和各种巧妙的工艺相继发明,开启了"不使用人力就能制造商品"的时代(指工业革命)。由此,各国的生意扩大,而国家的开支反而减少。信中在进行了上述世界形势的说明后,对日本提出了忠告,建议日本吸取鸦片战争中清朝战败的教训,不要重蹈覆辙。近来,日本周边海域出现了比以往更多的外国船只。这些船上的士兵和日本人民之间也许会发生争执并最终引发战争。出于这样的担心于1842年8月颁布"令书"(指《薪水给予令》)虽是一项明智的举措,但仅批准向遇险船只提供燃料和水是不够的。日本不能继续排斥那些为"表示诚意"或以"其他正当理由"来访的船只,因为这可能会带来争端,引发"战乱",最终甚至导致国家荒废。最后,亲笔信还建议:汽船已经出现,各国之间的距离越来越近,这种时候"不与万国交好"的做法是不讨喜的,因此"应放宽严禁外国人入境的法律"。荷兰国王的亲笔信非常准确地传达了世界潮流,告知日本很难继续停留在"天保薪水令"的阶段,建议除与荷兰外,也开启与其他西方各国的通商贸易。

同年(1844年),斋藤竹堂的《鸦片始末》出版,该书收集了中国船只带来的信息,整理了鸦片战争的经过,并记载了"讲和"的条件,包括清政府赔款,广州、福州、宁波、厦门、上海五港开放通商,香港归英国管辖等。换言之，该书介绍了《南京条约》的内容。

然而，1845年2月阿部正弘出任老中首座，在他的领导下，幕府拒绝了荷兰国书的建议，并于同年7月答复道："通讯仅限与朝鲜和琉球，通商仅限与贵国和中国。"当时关于要如何应对世界的变动，幕府犹豫不决。对于幕府来说幸运的是，在这样的变动之下，大约三年的时间里，对外关系维持着平稳的状态。根据横山伊德的说法，虽然美英法三国的船只于1845年至1846年间抵达日本，但并非为实现通商贸易而来，而是为了"确认鸦片战争后条约签署国周边地区的现状"，"其目的并非直接与日本签订条约"。

在这段短暂的平稳期内，日本幕府虽没有采取政治应对措施，但迅速吸取了鸦片战争的教训。换言之，日本将邻国的战争经历当作他山之石，加以学习和借鉴。在此期间，除了上述"亲笔信""风说书"和"别段风说书"所提供的信息之外，日本还开始获取更为系统的海外信息。鸦片战争使日本民众对整个世界的现状产生了兴趣，除斋藤竹堂的《鸦片始末》之外，他们还阅读箕作省吾介绍世界地理的《新制舆地全图》（1844年）和《坤舆图识》（1845年）等书籍。就这样，关于世界的信息和知识迅速传入日本，并为大家所学习。也就是说，世界历史的"潮流"正不断涌入日本。

那么，为什么鸦片战争后，日本的对外关系仍然处于"暂时平稳"的状态呢？正如前文所述，鸦片战争后，俄、美、法、英等国虽纷纷来到东亚，但他们对日本开国并未表现出积极态度，加上还有英俄的相互牵制、鸦片战争的善后以及美国和墨西哥之间的战争等因素存在。因此，这是一个世界史范畴的问题。绕开欧洲1848年大动乱就无法探讨法国和英国的历史，而要探讨欧洲的 1848 年革命，就必须先了解鸦片战争期间欧洲的动向。

欧洲的改革——鸦片战争的幕后

鸦片战争使欧洲自身实现了"城内和平"（Burgfrieden）。这一时期，在"维也纳体系"之下，英国外相帕默斯顿与奥地利外相梅特涅于对立之中进行"会议外交"，由此继续保持势力均衡，维持了欧洲的和平。一直到 1846 年，欧洲各国之间没有发生军事与外交上的冲突。

1840 年代初，处于和平之中的欧洲迎来了一个全面变革时期。英国在历经工业革命后成为世界工厂，以工人为中心的宪章运动提出了各种社会改革的要求。在同样进行了工业革命的法国，国内工人阶级的力量不断增强，开始提出政治和经济要求。德国和东欧国家则在 1848 年"三月革命"之前，进行了所谓的"三月前"的改革。在亚洲局势紧张期间，欧洲在工业革命的影响下进行了改革。工业革命之后西欧（英法）向全球扩张，西欧工业从亚洲进口原材料，西欧工业的发展和城市需要农产品，德国和东欧为满足该需求进行农业利益改革（封建农业关系等改革）。在这种世界性的"联动"关系中，"三月前"的改革成为必要的，这样的改革，不用说欧洲国家史，就算放到整个欧洲史中也是无法探讨的。此时在德国和东欧，"民族意识"也逐渐萌芽，并在社会精英阶层蔓延，上述的社会改革意识开始与民族意识相结合，最终引发了 1848 年革命。鸦片战争之后东亚的国际关系变动暂时告一段落，与此同时，欧洲的动荡拉开序幕。

欧洲 1848 年革命与亚洲
——紧张局势向欧洲转移

欧洲"民族之春"——1848 年革命

1848 年革命始于 1846 年发生在波兰的起义。当俄国对东方产生兴趣时，哈布斯堡帝国内的克拉科夫爆发波兰贵族反俄起义，农民也参与其中。在此次起义以及 1847 年的瑞士革命之后，1848 年以法国的二月革命为开端，以三月为中心，欧洲大陆各地掀起了名为"民族之春"的革命运动。主张社会变革和"民族主义"的革命运动蔓延到奥地利、匈牙利、意大利、波希米亚、德国、罗马尼亚、丹麦等国。与此同时，英国又一次掀起宪章运动的高潮。1848 年革命最终被镇压，其标志是 1849 年夏天意大利和匈牙利的军事失败。因此，欧洲的紧张局势从 1846 年一直持续到了 1849 年。1848 年革命在今天被分割为欧洲大陆各国的历史，但实际上，各地的革命是在相互影响、相互关联中开展的。箕作对 1848 年的"动乱"非常感兴趣，在《万国新史》中，他将各地的革命运动联系起来进行了描述。

在这样的 1848 年欧洲革命中，几乎所有地区的人民都有一个共同诉求，那就是推翻封建制度，主张民族独立。例如，1848 年 3 月在匈牙利，人民提出了"十二项要求"，其中包括：解放农民，议会、政府、军队和银行由本民族掌控，废除出版物审查制度，法律面前人人平等。这些几乎是整个 1848 年欧洲革命的共同诉求。据箕作描述，1848年革命旨在争取"人民自由的权力"，并建立"立宪政体制度"，即限制君主主权和确立人民主权的制度，明确"各种人组成一个统一国家的基本路径"，即民族国家的原理，使"农民从旧的桎梏中挣脱出来，获得自由"，也就是说，实现农民的解放。这在当时是非常了不起的认识。

从世界历史的角度来看，首先，可以说1848年的革命和运动是在世界历史的脉络中发生的。西方历史一般认为1848年革命是法国大革命和工业革命所引发的欧洲社会诸多问题的结果，但这种理解过于狭隘。英国宪章运动和法国二月革命都是在英法工业产品的市场在全球扩张的背景下进行的。中欧和东欧各国的革命是出于不让农奴继续被迫从事无偿劳动的需求：工业化西欧向亚洲等地扩张，中欧和东欧则向西欧出口农产品，而从中欧和东欧的农业利益来看，农奴被迫无偿劳动已经丧失了合理性。其次，1848年，欧洲各国爆发了示威、暴动和军事冲突，面临着体制性危机，所以在1840年代末，西欧的兵力不得不集中于欧洲。从英国的海军部署来看，1840年由于埃及问题等因素，英国的战舰和海军兵力主要部署在地中海地区；鸦片战争之后，1845年，英国将军力重点转移到东印度群岛、中国和太平洋地区，1850年又再度调回地中海。（参见18—19页，表1）这就是鸦片战争之后英国等国没有武力进军日本的主要原因。第三，1848年革命中，人民提出的各种要求不仅在整个欧洲传播开，而且很快就传到了欧洲以外的国家。至少在日本，从19世纪70年代开始，以箕作的《万国新史》为代表，多部"万国史"中都记录了1848年革命。西村茂树的《校正万国史略》（1875年）和冈本监辅的《万国史记》（1878年），都在意、德、法、奥的各国史部分记载了1848年革命。在19世纪中叶的变革中提出的各种要求，很快便传遍了世界。

英美入侵局势缓和的亚洲

在1846年至1849年欧洲局势紧张期间，亚洲紧张局势有所缓和。欧洲大陆各国都直接或间接被卷入了1848年革命，只有英国进军亚洲。其竞争对手俄国此时正专注于欧洲方面，与哈布斯堡王朝联合干涉匈牙利革命，无暇顾及亚洲。革命后的法国也没有向亚洲扩张的余力。英国试图通过加强对印度和中国的控制，弥补鸦片战争期间向西亚和中亚扩张的计划被搁置的损失。

首先，英国东印度公司进攻了统治印度西北部的锡克王国，经过1845年至1846年和1848年至1849年的两次锡克战争，使锡克王国灭亡。英国完成了对印度的占领。箕作详细介绍了战争经过，并强调"英国人在不到一百年的时间里夺取了整个印度"。接下去在东亚，英国于1852年再度进攻缅甸，占领缅甸南部，确保了侵入中国的道路；1840年代后期到1850年代初，英国着力于整顿和发展在鸦片战争中开埠的上海。上海开埠将中国国内外的水运和海运网络与对外贸易连接起来，加上上海租界的设立，使英国以鸦片为中心的贸易得到了巩固。

当英国向亚洲扩张时，美国也在积极地接近东亚。在整个欧洲大陆被紧张局势所笼罩的背景下，在1849年之前，西方列强并没有做出强力打开日本国门的举动。但是，与欧洲紧张局势没有直接关联的美国，此时则获得了更大的向东亚扩张的空间。与中国签订了《望厦条约》的美国，意图进一步打开朝鲜和日本的国门。正如前文所述，从1845年开始，美国的对日政策就已经明确，但美国政府开始采取具体行动是在有报道称美国捕鲸船上的"漂流民"在日本受到虐待之后，为保护本国漂流民以及寻求与日本建立外交关系，美国开始接近日本。据说当时美国接近日本的主要原因有以下几点：《望厦条约》增加了开放港口的数量，有望迅速扩大对华贸易；美墨战争后，不仅占领了得克萨斯，还于1848年5月占领了加利福尼亚，试图进一步进入太平洋；同年（1848年）1月在加利福尼亚发现金矿；连接加利福尼亚和上海、横跨太平洋的蒸汽邮船计划启动。种种因素的叠加，促使美国试图越过太平洋，一举西进至中国，并对日本寄予很大的期望。更直接的理由则是想与日本建立外交关系，以保护遭遇海难的船员。

从日本方面来看，在西方列强专注于1848年革命期间，尽管有美国接近，但列强在东亚的政治和军事活动尚有限，因此日本获得了一段开国前的准备期。日本吸取了鸦片战争的教训，又多得了一个可以了解世界形势的"犹豫期"，其准备成果很快将反映在与美国进行的开国谈判中。正是在这个时期，日本认识到了外交的作用，明白了外交不仅仅是单纯的军事对抗。

这一时期，日本不断汲取了大量海外知识。地理学家箕作阮甫（箕作麟祥的父亲）在《泰西大事策》（1848年）和《极西史影》（1853年以前）中系统地介绍了欧洲的历史。1848年后，中国受鸦片战争失败的刺激而编纂的《海国图志》也被日本引进。该书是清代学者魏源受政治家林则徐之托所著，是一部描绘19世纪初世界形势的地理书，在幕府末期广为流传。此外，兰学学者岭田枫江的《海外新话》

（1849年）也介绍了鸦片战争和英国地理，并绘制了世界地图和航路。就在佩里到来之前，在对外危机意识的推动下，一个由有志之士组成的知识分子网络迅速形成。

就这样，幕府在不断收集和学习世界信息的过程中，做好了外交谈判的准备。

认识世界局势后的对外政策

从1848年革命结束到1870年代初，这是一个世界经济"繁荣发展"的时代，出现了重大的经济转型和经济扩张。在这个时代，资本主义成为真正的世界经济，地球也不再只是一个地理上的说法，而是成了一个不停运转的现实。1848年至1875年间，通过不断探索，人们开始了解世界，世界贸易也急剧扩大，铁路四通八达，电报网络和电话逐渐发展，整个世界连成了一个整体。此后，世界各地紧密联系在一起，历史成为了名副其实的世界史。

在这个时代，海底电缆开始铺设。1850年英法之间铺设了世界上第一条海底电缆，1866年跨大西洋海底电缆铺设成功，1870年陆路电报线及海底电缆连接到印度，1871年连接香港。在日本，1871年铺设了长崎至上海以及长崎至符拉迪沃斯托克（海参崴）的海底电缆；1872年开始安装从陆路连接欧洲、中国以及日本的公共电报。这样一来，电报信息开始在世界范围内传播，获取世界各地的动向也变得很容易。

人们或多或少地了解了地球上的各个地区。此时的马克思和恩格斯获取了十分详尽的有关亚洲的信息，并对英国的扩张形成正确的认识。随着地球被连接成一个整体，真正意义上的世界史开始形成，人们也开始认识世界。同时，利用这种了解来"操控"人民的政治也出现了。不单纯依靠武力，而是利用舆论和外交成就进行统治的政治家出现了。拿破仑三世是第一个利用外交荣誉维持国内统治地位的"帝国主义者"。此时，尽管还没有人像后来的俾斯麦那样明确地开展"有目的"的外交，但放眼全球的政治已然登场。虽然资本主义的主导力量仍在英国，但"这个时代国际危机的焦点是拿破仑三世统治下的法国"。

后来，随着1849年意大利和匈牙利革命遭到镇压，1848年革命逐渐落幕，世界紧张局势向巴尔干地区转移，最终演变为克里米亚战争。促成这一切的人便是拿破仑三世。同时这也是英俄"大博弈"的一部分，这场博弈在1848年至1849年大动乱的背后悄然进行着。

克里米亚战争及其背后的亚洲
——紧张局势向克里米亚转移

世界大战——克里米亚战争

1853年，法国试图重新控制奥斯曼帝国统治下的基督教圣地——耶路撒冷，俄国以保护正教徒为名进行干预，从而引发了一场俄国与英法之间的冲突，也就是克里米亚战争。拿破仑三世在没有国内政治基础的情况下登基称帝，因此他必须不断地通过对外的成就来巩固自己的政治权威。战争始于1853年10月，经过1854年10月至1855年9月在克里米亚半岛的激战之后，以1856年3月《巴黎和约》的签订宣告结束。这场大战持续了两年半。

这是一场列强之间的战争，没有当地民众参与，因此从某种程度上来看，各国可以在政治上对战争进行控制。例如，英国外相帕默斯顿等人就克里米亚战争开展"会议外交"，努力避免对欧洲的"势力均衡"造成决定性的破坏。即便如此，各国还是在战争中投入了大量资金，就英国而言，甚至因为巨额军费出现了财政崩溃，从而导致首相辞职（阿伯丁被帕默斯顿取代）。这也意味着英国暂时不能在世界其他地区采取军事行动。另外，1855年，英国将超过三分之一的战舰和近半数的海军兵力部署在地中海和波罗的海地区，可见英国对克里米亚战争的投入之大（参见18—19页，表1）。

事实上，克里米亚战争甚至波及太平洋沿岸的俄国领土。1854

年 8 月，英法海军联军袭击了俄国在堪察加半岛的军事基地——彼得罗巴甫洛夫斯克港。俄国军队于次年年初撤离，冲突双方都付出了巨大的代价。这场发生在东亚的"克里米亚战争"被称为东亚的"大博弈"。箕作的《万国新史》也洞悉了这一点，书中讲到英法"派遣军舰到黑海、白海、波罗的海，或者远赴太平洋，入侵俄国沿海地区……"，准确描述了彼得罗巴甫洛夫斯克港保卫战。然而，东亚地区的战争是伴随克里米亚战争发生的，并没有牵涉到其它亚洲国家。

战争也在奥斯曼帝国内部产生了影响。1856 年，克里米亚战争仍在继续，奥斯曼帝国为获得英法的援助，被迫颁布"改革敕令"，并按照列强所期望的方向实施改革。这是一系列促进列强扩张的改革措施，其中包括：帝国臣民不论宗教一律权利平等，改善银行和基础设施，引进科学技术及外资，更改土地所有权，等等。1858 年，奥斯曼帝国制定了土地法，明确了与国有土地等相区别的"私有土地"，并规定其为"按所有权处置的土地"。奥斯曼帝国名义上是战胜国，实际上却沦为了列强的附庸。这种近代化改革不久也将出现在更东边的亚洲地区。

西方列强刚刚经历 1848 年革命，随后又在克里米亚战争中全力作战，因此在亚洲的活动仍然十分受限。在列强参加克里米亚战争的两年半时间里，亚洲整体上迎来了一个国际关系的缓和期。在此期间，东亚地区发生了一些重大事件。中国爆发太平天国运动，日本发生了"黑船"动乱。

太平天国运动

根据英国历史学家霍布斯鲍姆的说法，19世纪"最大的一场革命"发生在非欧洲世界，那就是1851年至1864年的太平天国运动。它之所以被认为是"最大"的，不仅因为中国人口众多，还因其规模浩大、伤亡惨重。最重要的是，它是"中国受西欧影响的直接产物"。

鸦片战争之后，基督教在中国活跃起来，受其影响创立的宗教团体太平天国于1851年在广西发动武装起义，1853年定都天京（南京），1864年天京陷落，运动宣告失败。这场运动历时14年，动摇了清王朝的统治基础。

从世界史的角度来看，鸦片战争之后欧洲入侵导致中国社会发生变化，太平天国运动是一场在这些变化下兴起的民众反抗运动。该运动首先是太平天国与清朝之间的对抗，从这个意义上说，这是一场革命运动。虽然在建都后，太平天国运动逐渐丧失其"变革性"，内部腐败和内部冲突日益显现，最终宣告失败，但它建立了"一个与清朝正面对峙的政权"。马克思也将其看作"中国革命"，他指出，"可是现在，当英国引起了中国革命的时候，便发生一个问题，即这个革命将来会对英国并且通过英国对欧洲发生什么影响？"[1]

这场"革命"是西方基督教思想影响下的产物。太平天国"是受19世纪初基督新教正式来华传教的影响而诞生的"。《劝世良言》是接受了英国传教士洗礼的梁发所著，据说洪秀全就是从该书中学习了基督教知

---

1. 《马克思恩格斯全集》（第一版），第九卷，人民出版社，1961：112。

识，从而创立拜上帝教，确立了太平天国的教义。早在 1870 年代，箕作的《万国新史》中就有记载，洪秀全"遇美国传教士，听闻基督之教，并颇有心得。后将该教义与孔子之道融合，……创立了一种神教"。受西方思想的启发，太平天国运动力图改变当时的中国社会，主张天下万民皆为兄弟姐妹，要求按劳动强度分配粮食，主张禁欲式的生活。尤其是其提出的天朝田亩制度，设想构建一个公平的社会，天下男女在"上帝"之下为一个大家庭，通过统一分配土地来保障生存，同时禁止财产私有，规定生产物品需上缴国库后进行分配。虽然这种土地分配制最终未能实施，但太平天国通过这样的主张吸引了大量民众。

太平天国运动发生于克里米亚战争期间，虽然也有人认为太平天国运动是基督教运动，但从实际兵力上来看，列强未能真正进行干预。如前所述，1850 年，英国舰队正将战舰和兵力从东印度及中国转移到地中海地区。然而，尽管处于有利的世界形势，清朝与太平天国之战却没有在国内得到解决。不久之后，列强介入。就如后来所见，克里米亚战争结束后，列强以"亚罗号"事件为借口对清朝发动战争，多年之后，太平天国灭亡。

"黑船"——日本的"消极开国"

亲善条约

同样，也是在克里米亚战争及亚洲局势缓和期间，"黑船"抵达日本，迫使日本开国。在克里米亚战争爆发后，英国和法国不得不集中精力参战，无法正式与日本谈判。同时，美国正在为接近日本做准备，然而却被俄国抢先了重要的一步。最终,是在美俄的竞争中,日本实现了"开国"。

从俄国方面看,自《南京条约》签订后,中英贸易的发展导致了内陆地区中俄贸易的衰退。为此,俄国于1850年在阿穆尔河[1]入海口建立尼古拉耶夫斯克港,以便实现中俄贸易的恢复。此后,俄国与日本通商的需求愈发迫切。为与日本展开新的谈判,被任命为遣日全权使节的普佳京在克里米亚战争爆发前从俄国出发,于1853年8月抵达长崎,向日本递交国书。然而,在就日本列岛北部边境问题进行谈判期间,中途暂时离开长崎的普佳京于1854年3月在马尼拉接到克里米亚战争爆发的消息。俄国畏惧英法的军事力量,无法继续进行正式的对日谈判,最终在与日本谈判的计划上被美国抢先。尽管如此,日俄在长崎的谈判是日本走向开国的重要铺垫。

美国利用免于参与克里米亚战争的优势,一边留意太平天国运动的动向,一边在亚洲拓展外交路线,开始与日本谈判。1852年11月,东印度舰队司令官马修·佩里带着菲尔莫尔总统写给"日本天皇"的国书从美国出发。出发之际,佩里收到了政府的追加指令,内容为:保护遇难美国船的船员和财产,为遇难船只提供燃煤、淡水和粮食,修理船只,设立煤库,取得进入港口买卖或交换货物的许可;为此,可以适当"示威",但非必要时刻禁止使用武力。佩里于1853年4月抵达香港,5月驶向琉球、日本。

太平天国运动的发展限制了美国与日本的接触。美国驻华专员马

---

1. 即黑龙江。

歇尔与佩里就如何应对太平天国运动发生了激烈争执。马歇尔主张优先采取对华政策，他关心的是在太平天国于 1853 年初占领南京后，如何保护美国在中国的资产，以及如何维持鸦片贸易。相反，佩里则更加重视日本。二人互不相让，最终佩里没能如愿集结足够多的战舰。他最初计划率领"一支由十二艘战舰组成的气势磅礴的舰队"前往日本，因太平天国攻下南京，需要留部分战舰保护居留在南京的美国人，他最终只集结了四艘战舰。

在俄国和美国接近日本之前，当时的日本已经通过荷兰等情报来源，大体掌握了世界形势。荷兰通过"别段风说书"向日本提供了极其丰富的信息。其中，不只是鸦片战争后中国签订的各个条约，还有"荷兰国内的情况、大清和东印度群岛的关系、巴拿马地峡的铁路和运河修建计划、美墨战争、加利福尼亚发现金矿及并入美国、1848 年欧洲革命及其影响等"，当然还包括英美正在寻求与日本通商，以及英美派遣使节前往泰国寻求通商的情况。另外，幕府还从美国归来的中浜万次郎等人处获知了美国的实际状况和所派遣使节的详细信息。据中浜等人证实，美国有意租借九州附近的长崎出岛[1]，用来建立储煤所，并希望与日本通商，但没有发动战争或侵略领土的意图。

诸如此类的信息不断传到日本，荷兰政府正式通报的美国具体赴日计划也在其中。荷兰商馆馆长接受美国政府的委托，向日本告知了派遣使节一事。同时，在他提交的"别段风说书"中告知日本："美国

---

1. 原文"出崎や岛"（出崎或岛屿），疑为笔误。

为寻求通商而来,希望开放两三个港口,要求建立储煤所,以及来访船队由九艘船组成。"然而,此时的幕府除了决定维持闭关锁国和实施避战政策之外,没有采取任何积极行动。

另外,在列强接近日本列岛的过程中,琉球扮演了重要的角色。琉球地处海上交通要塞,在政治上处于中日"两属"状态,其立场是暧昧的,因而也是不固定的。如前文所述,1844年至1846年间,英法船只进出琉球,传教士们也曾上岸停留。因此,佩里认为美国舰队占据琉球群岛的港口并无不妥,且应该确保在琉球群岛上有一到两处港口作为美国捕鲸船和商船遇难时的避难所,及燃煤、淡水和粮食的补给基地。他还主张:"目前,英国的触手还没有伸到日本和琉球,美国应该尽快确保在此处拥有能够自由出入的港口。"基于这一判断,1853年5月,佩里从香港来到琉球,进入首里城,但当时并没有就开国事宜进行谈判,于6月离开了琉球。在访问琉球之前,佩里认为琉球"真正的主权是由中国政府主张的"。在访问琉球之后,他改变了看法,认为"这座美丽的岛屿是日本的属国,实行的法律与日本相同"。尽管如此,佩里并不认为琉球是日本的一部分,而是将日本和琉球区分开,在1854年3月与日本缔结了《日美亲善条约》[1]之后,又于7月与琉球王国单独签订了条约。

佩里离开琉球后,随即前往小笠原群岛的父岛。他计划占领奄美大岛和小笠原群岛,并设想在小笠原群岛的父岛为通往中国的航线设立储煤所。据说小笠原群岛是16世纪由德川家的家臣小笠原贞赖发现

---

1. 亦称《神奈川条约》。

的，进入19世纪后曾有欧洲人来访，1827年英国人宣布占领该岛群。后来，美国人、丹麦人和葡萄牙人将原住民从夏威夷送到这里，进行殖民。佩里原打算在此处建造汽船基地，却因复杂的归属问题，被迫放弃了父岛。

此时日本的国境尚处于变化之中。与俄国关于北边的萨哈林岛和千岛的谈判尚未结束，琉球和小笠原群岛的地位也"不确定"。这是19世纪50年代、60年代包括欧洲在内的世界各地都存在的一种现象，从世界历史来看，各个国家的领土范围也是从这一时期开始逐渐确定的。

佩里的舰队于1853年7月抵达浦贺，在递交了总统的国书，告知会再次来访后离去。与传达整个世界形势的荷兰国书相比，美国的国书则主要阐述了日本与美国的关系：派遣使节是为了"亲好"和"通商"，不会介入日本政治；美国幅员辽阔、东西两边都有海洋，从西海岸乘"火轮船"横渡太平洋只需十八日便可抵达日本，太平洋沿岸盛产金银和宝石，日本同样是一个富裕的国家，盛产多种宝物，日本的人民聪明伶俐、多才多艺；像这样的邻国若能互通往来，必然会带来"巨大的利益"，所以能否开展贸易呢？虽然依照日本的旧例，只可与中国和荷兰商船交易，但近来"万国政事"中"改革旧例""以新法代之"的情况逐渐增多，日本是否也应效仿呢？最后，国书还补充说明了迫切希望开港的其他理由。也就是说，在从加利福尼亚开往中国的美国船和捕鲸船遇险时，希望日本能展现慈悲，保护船上的人员和财物。另外，日本煤炭和粮食资源丰富，希望能发放一些给遇险的美国船只；发放物资的费用可以用白银支付，也可以用商品交换。以上就是国书的全部内容。

关于这份国书所表达的目的,存在多种解释。总而言之,开埠虽能给日本和美国双方带来利益,但其主要目的不是实施贸易而是"保护本国国民"。幕府在收到该国书后,不得不开始采取应对措施。

1854年2月,佩里再次来到日本,向幕府展示了与中国签订的《望厦条约》,并进行谈判。幕府方面也充分运用此前所掌握的信息应对此次谈判。例如,当佩里说救助漂流民是国际义务,任何国家不遵守该义务,则可以与其开战时,大学校长林复斋反驳说日本也可以遣返漂流民,"事情没有严重到要开战的程度"。二人之间展开了关于国际法的辩论,经过这样的谈判,最终于3月签订了《日美亲善条约》。除了两国"亲善友好"之外,该条约还规定:

1. 开放下田、箱馆二地为通商口岸,为美国船只补给燃料、淡水、粮食、煤炭及短缺物资;

2. 补给的物资由"日本官员"转交,费用以金银结算;

3. 对遇难的美国船只施予援助,并护送(人员)至下田和箱馆;

4. 美国人可在下田方圆七里的范围内自由活动;

5. 通商口岸的货物采购不可交由自由商人办理,需由"当地官员"办理;

6. 给予美国片面最惠国待遇;

7. 允许美国在下田设立领事馆。

近年来,该条约被认为是日本对美国的"消极开国"或"有限开国",

只开放了两个港口，而没有作贸易和通信方面的规定。

然而，该条约签订之后，日本国内政治发生了剧变。关于这一点，青山忠正的著作（同前）已详细探讨过，我在这里想着重谈谈日本的对外关系问题与国内政治问题之间的关系。

"条约口岸体制"下的日本

在《日美亲善条约》签订后不久，1854年7月，美国又与琉球签订了《琉美修好条约》。该条约规定了琉球全境向美国人开放以及琉美自由通商，琉球各港口向美国船只提供燃料和水，救助遇难美国船只的船员，将做出非法行为的美国人移交给美国船长（承认领事裁判权），等等。与《日美亲善条约》相比，该条约对美国的"开放"程度更大。

接下来，英国于1854年10月与日本签订《日英协约》。与《日美亲善条约》的性质不同，由于克里米亚战争的关系，协约规定日本开放长崎和箱馆两港，为英国船只提供燃料和水，以及修理船只，给予英国片面最惠国待遇，但不包含任何领事馆相关规定和物资采购等涉及通商的内容。英国签订协约，目的在于阻止俄国舰队在克里米亚战争爆发之际潜入日本港口。从全球视野来看，英国此时正忙于应对克里米亚战争和太平天国，无暇顾及日本和佩里。

英国将有限的精力用于"和平"进入泰国，最终于1855年4月与泰国签订《鲍林条约》[1]。条约规定英国有权在泰国开展自由贸易，缴

---

1. 亦称《英暹条约》。

纳低关税，设立领事馆，享受治外法权，条约特别明确了鸦片的免税进口。相比与日本签订的条约，该条约能带来更大的经济效益。就这样，被卷入克里米亚战争的英国没有向日本等地扩张，而是继进军中国之后，控制了泰国。

在被佩里捷足先登之后，俄国的普佳京于1854年12月起，在下田重新开始与日本谈判，最终于1855年2月签订了《日俄亲善条约》。与《日美亲善条约》相同，《日俄亲善条约》也保证了燃料和水的供给，并规定下田、箱馆和长崎开港，可以在下田或箱馆设立领事馆。日本对俄国开放的港口数量更多，对领事馆的设立也有明确规定；通商贸易方面的规定与《日美亲善条约》相同；边界方面，萨哈林岛成为混居地，以千岛群岛的伊图鲁普岛和乌鲁普岛[1]之间的海峡为界；另外，值得注意的是，《日美亲善条约》中没有关于领事裁判权的规定，《日俄亲善条约》却承认俄国和日本享有同等的领事裁判权。因此，《日俄亲善条约》比《日美亲善条约》更加对等。仔细回想，普佳京在近十年时间里反复进出日本，持续进行开港谈判，也正是与俄国的谈判经验使得日本与美国的谈判更加顺利。1856年1月，《日荷亲善条约》签订。该条约规定荷兰人可"自由出入"出岛，承认治外法权，依照与其他国家签订的条约，开放除长崎之外的港口，此外还包含一些放宽原有规定的内容。不过，两年后签订的"附录"确定了交易规则，通过规定交易须在"会所"以发行的纸币进行，以及禁止携带鸦片等事项，对通商进行了限制。

---

1. 日本称得抚岛。

通过这些条约的签订，日本和琉球都在不同程度上被纳入了"条约口岸体制"。但是，如前文所述，即便同样是亲善条约，内容却因国而异。可以看出，这些条约并不是单方面强加给幕府的。正如井上胜生所说，幕府准确把握了克里米亚战争爆发后的世界形势，并与各列强国实行"等距离外交"，"日本所承受的来自列强的外压远没有中国所承受的大"。如前所述，英国、法国和俄国都忙于应付克里米亚战争和太平天国运动，而美国除了被太平天国分心，还被来自国内的不动用武力的要求所约束。正是在这种国际形势下，日本才得以顺利与其他国家进行外交谈判。

将这些条约与《南京条约》和《望厦条约》相比，会发现《南京条约》在赔款和领土割让方面有些不同。《日美亲善条约》则延续了《望厦条约》，不同的是，它不包含关于通商的条款，也没有治外法权的相关规定。《琉美修好条约》与《望厦条约》内容相近。日俄之间的条约则更是以双方对等为目标。

总而言之，自1828年《土库曼恰伊和约》和1838年《巴尔塔-利曼条约》签订以来的不平等条约，与1842年《南京条约》及1844年《望厦条约》相互"联动"，进而影响了日本和琉球。尽管程度有限，日本和琉球最终还是被纳入了"条约口岸体制"，然而后来签订的一律被视为"不平等条约"的条约，也有着出乎意料的巨大差异；日本签署的相关条约都属于其"外交"成果，由于没有关于通商的规定，在伦敦和纽约的评价很低。

近年来，一些学者开始重新探讨美国和幕府之间的开国谈判。加藤佑三整理了迄今为止的普遍说法：幕府无能无谋，面对佩里舰队施加的强大军事压力,被迫签订了具有极端不平等性的条约(炮舰外交)。然而,加藤认为此类说法不过是明治政府当权者编造的,他认为:第一,幕府的外交能力很强;第二,佩里舰队是在"严禁开炮"命令的约束下,前来进行和平谈判的;第三,《日美亲善条约》是在非战争情况下缔结的独特条约。井上胜生的观点与加藤相同,在克里米亚战争的背景下,"条约"对日本来说从消极的东西变成了必要的东西。他认为幕府的外交负责人看清了日本的"弱国"处境,沉着冷静地以外交手段应对,确定了与列强之间的"等距离外交"立场。

这样的谈判之所以能够实现,是因为日本的开国是在极其罕见的、对日本来说非常有利的国际关系中进行的。另外,当时的日本获取了有关世界形势的信息,掌握了外交、条约、通商等世界史"潮流",并且对此加以运用。

以上便是列强专注于克里米亚战争,东亚紧张局势缓和期间的动向。随着克里米亚战争结束,世界紧张局势再次转移到亚洲。

亚洲大起义及其影响
——紧张局势向亚洲转移

克里米亚战争之后列强在亚洲的扩张

克里米亚战争结束后，英俄冲突从伊朗向印度转移，"大博弈"正式上演。早在战争期间的 1854 年，俄国就再度进攻希瓦，并逼迫希瓦承认俄国的"宗主权"，战争结束后则越过希瓦以印度为目标。俄国认为印度是英国"最脆弱的地方"，战争结束之后，国内掀起了主张进攻印度的政治和舆论高潮。

据说在克里米亚战争尚未结束时，俄国就已经派出使节前往印度，煽动印度反英。箕作的《万国新史》中也有记载："俄国人在塞瓦斯托波尔被围攻时，就秘密派遣使者前往印度，暗中煽动人民造反。"上述内容真假难辨，但战争结束后的 1856 年，屡次有提案向沙皇建议攻打印度，即便未转化为实际行动，也反映出俄国对印度的高度关注。

印度是俄国高度关注的对象，而伊朗和阿富汗恰好处于通往印度的路线上，如此一来这两地便成了英俄直接对抗的舞台。在俄国支持下，伊朗再次远征赫拉特，逼近印度（1856—1857）；英国夺回赫拉特，同时派遣海军进入波斯湾。英国于 1857 年 3 月与伊朗签订《巴黎条约》，迫使伊朗放弃对赫拉特和阿富汗的一切要求。英国之所以要控制阿富汗，是为了守住印度。另一方面，在确保印度安全后，英国将目光转向了中国市场。即使签订了《南京条约》，贸易扩大的幅度也仍旧低于英国的预期。鸦片的贸易额虽然有所增长，但是新的棉纺织市场并没有扩大。一方面是因为条约口岸的数量不足，另一方面是因为外国人不能在内陆地区经商。这些问题必须得到解决。

拿破仑三世统治下的法国也在克里米亚战争结束后，于1856年再次派遣使节前往越南，要求允许法国人驻在顺化，并割让岘港。在遭到拒绝后，法国对岘港和西贡发动进攻，开始了长期战争。

俄国一边在伊朗和印度与英国对抗，一边重新开始向东亚扩张。在东西伯利亚总督穆拉维约夫的领导下，俄国意图统治阿穆尔河流域和萨哈林岛，于1857年开始在阿穆尔河流域部署军队。普佳京被任命为对清谈判的全权代表，开始积极接近中国。

就这样，在克里米亚战争之后，随着英、俄、法再度进军亚洲，印度、中国和越南爆发了大规模起义。

亚洲大起义：中国、印度、越南

克里米亚战争之后，列强向亚洲扩张，受到了亚洲各国的抵抗，这些抵抗运动便是第二次鸦片战争、印度民族大起义（英称"西帕依叛乱"）和"越南大抵抗"，笔者将这三次战争统称为"亚洲大起义"，是19世纪60年代世界历史中的巨大旋涡。

第二次鸦片战争

克里米亚战争结束后，英、法、俄加强了对中国的入侵。一直与清政府对立的太平天国最终与新介入的英法联军正面交锋。克里米亚战争后，帕默斯顿首相领导的英国因未能如愿扩大与中国的贸易，加上清朝仍视西方人为"夷狄"而拖延外交谈判，便以1856年10月悬挂英国国旗的中国船"亚罗号"被当局捕获为借口，开始了"炮舰外交"。拿破仑三世统治下的法国企图向印度支那[1]扩张，因此同意与英国联合出兵。由于英国本土的军队在中途被派往印度，去镇压1857年5月爆发的"印度士兵叛乱"，法国不得不等待英国重新派兵，最终英法联军于1857年12月攻入广州。至此，"亚罗号战争"——第二次鸦片战争正式拉开帷幕。马克思和恩格斯十分关注这场"中国的起义"，并批评英国在1857年1月至4月没有宣战就"侵入一个和平国家"，同时他们也注意到，与1840年的鸦片战争不同，这一次中国民众也参与其中。[2]

英法联军袭击了天津，直逼北京城下。1858年6月，清朝与英法等国分别签订《天津条约》。然而，清朝内忧未解，与英法的战争便再次爆发，1860年，北京被英法联军占领。同年10月，在俄国的调停下，中国重新与英法签订了《北京条约》。该条约在《天津条约》的基础上，规定向英法开放包括天津在内的11个新港口，承认内地旅行权，允许外交使节常驻北京。此外，条约还包含将九龙半岛割让给英国，增开天津为商埠，使鸦片贸易合法化等内容。与法国签订的条约承认了宗教信仰自由和基督教传教自由。该系列条约允许列强进入中国内地，标志着"条约口岸体制"框架的扩大。

不久之后，箕作就在他所著的《万国新史》中记述了英法与太平

---

1. 即中南半岛东部，包括越南、老挝、柬埔寨三国。
2. 《马克思恩格斯全集》（第一版），第十二卷，人民出版社，1962：117，231。

天国之间的战争。英法两国的军事力量令他感到惊讶："英法两国仅以三万五千人的兵力，直逼拥有四亿多人口的大国的首都，且大获全胜，足可见其实力……"除此之外，箕作还详细介绍了《天津条约》和《北京条约》的具体内容，足以体现日本对这两份条约的高度关注。

在第二次鸦片战争期间，俄国入侵中国，于1858年5月在瑷珲与当地将领签订《瑷珲条约》，占领阿穆尔河（黑龙江）北岸地区。之后，通过1860年11月签订的《中俄北京条约》，俄国还割占了乌苏里江（松花江）以东的沿海地区。俄国在英法和中国之间扮演调解人的角色，作为回报，与中国签订条约，成功扩大了在东亚的领地。在1858年11月，恩格斯写了一篇关于俄国向中亚扩张并在东亚成功获取领地的文章，写道："英国和法国对中国进行战争，只是为了让俄国得到好处。"[1]

第二次鸦片战争后的"北京条约体系"使中国的国内政治发生了巨大变化。1861年之后，在被称为"同治中兴"的十余年稳定期里，清朝在大臣兼武将李鸿章的领导下，实行军队西洋化，在外交机关（设置总理衙门）和教育、产业方面效仿外国，也就是开展洋务运动。清朝开始了近代化改革，并得到西方列强的支援，对太平天国发起攻击，最终于1864年攻破太平天国首都南京，成功镇压太平天国运动。第二次鸦片战争历时四年，列强不仅迫使清朝签署了他们想要的条约，还消灭了太平天国。曾在克里米亚战争中表现活跃的英国军官查尔斯·戈登接管了"常胜军"，一支由外国人统领的中国人部队，象征着

---

1. 《马克思恩格斯全集》（第一版），第十二卷，人民出版社，1962：662。

国际紧张关系的转移。

最终，太平天国运动在英法军事力量的干预下被镇压。1856年至1865年期间，英法为进行第二次鸦片战争和镇压太平天国运动，将大量政治军事力量集中到中国。与此同时，印度也爆发了使英国必须集中精力应对的民族大起义。

印度民族大起义

1857年5月，在第二次鸦片战争期间，印度爆发了民族大起义。19世纪中叶，在经济上，由于英国棉纺织品的出现，印度本土的棉纺织品失去市场，印度逐渐成为靛蓝、原棉和鸦片的出口国，以手工业为主的共同体社会正在发生巨大的变化。英国的土地政策在印度激起了地主和农民的不满。同时，英国人将英语作为印度官方语言，整顿学校制度，传播西方知识和价值观，这种"将西方价值观强加于人"的做法也引起了宗教界人士和知识分子的不满。在此背景下，印度雇佣兵发动了起义，最终发展成大英帝国和莫卧儿帝国之间的战争，也就是印度独立战争。

在日本，早在1870年代，箕作的《万国新史》就详细记载了"西帕依叛乱"。根据箕作的说法，东印度公司统领着28万人（应该是24万人）的军队，其中20万人是"土著人"，也就是西帕依（印度雇佣兵）。4万名英国士兵控制着整个印度。东印度公司对印度进行统治，非但不"怜悯"印度人民，甚至还侮辱当地宗教，引起了民众的不满。在这样的背景下，1857年"西帕依叛乱"爆发。据说直接原因是印度士兵被要求使用涂了牛油的子弹（这是一个传闻）。1857年5月，叛乱在密拉特爆发并很快蔓延至德里。起义军"拥立已经八十余岁的莫卧儿帝国末代皇帝穆罕默德·扎哈尔·巴哈杜尔·沙二世为印度皇帝",其目的是"摆脱外国人的枷锁,使国家独立,不受约束",此时"伊斯兰教徒也愿意与印度教徒联合,共谋其事"。起初英军被打得措手不及,但很快就重新集结兵力,于12月击败了叛军首领那那·萨希伯。1858年3月,印度士兵投降。箕作认为这次叛乱是"近世各国纷争中前所未有之祸",视叛军为暴徒,并认为英国的政策是明智的。这场叛乱导致英国改变了帝国政策。在镇压大叛乱之后,英国进行了对印度统治的改革,于1858年将印度变为英国的直辖殖民地,终结了莫卧儿帝国,建立了真正的印度帝国。

在印度民族大起义爆发之际,俄国试图干预英国对印度的统治。甚至有传言说是"俄国和伊朗煽动了印度兵变",但这并非事实,尽管反叛的一方确实曾向俄国派遣使节。

为了镇压这场印度大起义,英国不得不投入大规模的军事力量。1857年7月至1858年7月,马克思在他担任特派记者的《纽约论坛报》上刊登了约25篇文章,针对印度起义进行了分析。马克思认为印度是一个没有历史的国家,因此不一定会同情反叛方。但他强调,英国为对付3万余人的起义军,除了发动3万人的印英军队之外,还被迫从英国国内派出2~2.5万兵力,足见英军此次战斗之艰难。尽管印度被再度征服,但英国并没有得到"印度的民心"。从英国海军的部署来看,1860年派往东印度和中国的兵力几乎是1855年的两倍(参见18—19页,表1),可见英国为平息印度民族大起义所动用的兵力之多;英国几乎是同时面对第二次鸦片战争和印度民族大起义,两边作战。

这一时期,一场对法国而言如印度民族大起义之于英国的叛乱爆发了,最终演变为从1858年持续到1868年的越南民众起义。

越南大抵抗

第二次鸦片战争期间,法国再次将扩张的触手伸向越南。1858年8月,法国遭遇越南军队的抵抗,放弃了入侵岘港的计划,转而进攻防御薄弱的西贡。此处土地肥沃,海上交通发达,可种植水稻和发展南洋贸易。虽然法国在第二次鸦片战争中消耗了兵力,导致进攻越南时陷入苦战,但最终还是在1859年攻占西贡。此后,随着1860年第二次鸦片战争结束,拿破仑三世从越南撤军,在1864年与太平天国的最终战争爆发之前,没有对越南再次发动入侵。拿破仑三世从越南退兵后,于1861年向墨西哥发起进攻,失败之后,为寻求新的外交胜利,又打着基督教"传教自由"的旗号重返越南。在1860年与英国缔结自由通商条约[1]后,进入原料供应地亚洲对法国来说至关重要。在增强军事力量后,法国最终于1862年6月与越南签订了第一次《西贡条约》。条约内容包括:允许基督教传教士在越南自由传教,割让湄公河三角洲的三个省和昆仑岛,开放包括岘港在内的三个港口,并承认法国在湄公河的航行自由。至此,越南也被纳入"条约口岸体制",沦为法国的殖民地。

面对法国的侵略,在越南历史上称为"义军"的人民武装力量的

1.《英法商约》,亦称《科布顿条约》。

支持下，各地掀起了反法起义。在北方，谢文奉领导农民发动起义，控制了北圻[1]东部地区。在南方，1859年西贡被占领后不久，张定在西贡南部打响了抵抗法军的游击战。游击队得到阮朝的支持，袭击了法国的殖民地组织、法国军队以及大米出口港，使法国的统治陷入了困境。1862年，《西贡条约》签订之后，游击队扩大了反法抗争战线。这场由张定领导的起义最终于1864年被镇压，张定牺牲。然而，反法起义仍在继续。1867年，在当地有声望的阮忠直发起了反抗法国的起义，持续至1868年，此外还有柬埔寨边境附近和西南部的反法起义。这些起义活动统称为"越南大抵抗"。由于该抵抗运动的据点在交趾支那西部，法国意图将柬埔寨也纳入统治之下。1863年法国将柬埔寨列为"保护国"，使其允许法国派驻领事和自由传教。在中国发生太平天国运动的同时，法国镇压了越南的抵抗运动，并最终于1867年6月吞并了与越南北部割离的整个交趾支那地区，建立了法属交趾支那。此后，法国继续向越南北部扩张。

第二次鸦片战争、印度民族大起义和越南大抵抗正是面对英法侵略扩张，亚洲人民奋起反抗的"亚洲大起义"。而这场"亚洲大起义"也缓和了世界其他地区的局势。第一，日本在不受列强军事干预期间，实现了"积极开国"；第二，在这一时期，美俄在没有其他列强介入的情况下实现了巨大变革，即美国的南北战争和俄国的"大改革"；第三，欧洲在政治不稳定的情况下，出现了被称为"创业热"的经济热潮，资本主义得以发展，奠定了民族国家的经济社会基础。

---

1. 越南北部地区。——译者注

亚洲大起义促成的日本"积极开国"

日本"积极开国"

在"亚洲大起义"的侧面支援下,日本获得了 15 年(1853—1868年)喘息布局的时间,得以在不受外国武装干涉的情况下为"积极开国"和"维新"做好准备。近年来,针对这一时期日本的内政与外交的关系,不乏详细的研究。在此,我想从世界史的角度来引入这方面的研究成果。

三谷博将 1854 年的开国视为"消极开国",认为 1856 年至 1857年是从"消极开国"到"积极开国"的转折期。在他看来,促使日本积极开放港口,包括"通商"和"通信"的,不是 1856 年 8 月美国总领事哈里斯来到日本并从 1857 年秋开始进行条约谈判,而是 1855 年 6月在荷兰人的建议下开设长崎海军传习所,以及克里米亚战争结束后英国将向日本派遣通商使节的消息。而促进开国的决定性因素,则是1857 年 2 月收到的有关第二次鸦片战争爆发的消息。之后,日本便开始在长崎准备与荷兰签署通商条约。受这些因素影响,江户的对外方针也发生了变化。1856 年 10 月,堀田正睦接替阿部正弘成为老中首座,标志着日本从"消极开国"到"接受欧洲模式,与欧美各国正式建立邦交和贸易关系"的转变。青山忠正认为,这标志着"幕府开始将列岛纳入欧美列强主导的世界体系"。根据英国的日本史学家比斯利的说法,堀田相信贸易会增加国家财富,从而增强军事力量,他认为"采取西欧式的国际姿态是必然趋势"。收到第二次鸦片战争爆发的消息后，幕府内部制定了官方认可开展贸易的流程，于1857年8月和9月，在长崎分别与荷兰和俄国缔结了包含通商条款的附加亲善条约。当哈里斯于10月前往江户谈判时，日本正好利用了此前的经验。

1857年12月，哈里斯向幕府发表重要演说，让幕府重新认识了世界形势。尽管哈里斯是从美国的角度出发，但就整个世界局势作出了相当准确的说明。此次演说的论点如下：

第一，近五十年来，蒸汽船和电报的发明，促进了贸易的蓬勃发展，使西方各国变得繁荣昌盛，让整个世界成为一个"大家族"。在这样一个时代里，接纳外交使节，实施贸易自由才是明智之举。

第二，英国因为俄国的关系，在"东印度领土"问题上格外谨慎，最近与法国联合作战（克里米亚战争）也是因为俄国在各地蚕食领土。英国不希望俄国占领萨哈林岛（库页岛）和阿穆尔河（黑龙江）流域，他担心如果俄国进一步夺取中国领土，接下来必定会侵占东印度群岛，这样一来则会发生英俄对战。

第三，18年前，中国与英国发生了一场战争（鸦片战争），在这场战争中，中国失去了数百万的生命，其港口被英国人侵占，向英国支付巨额"赔款"，国家陷入衰退。虽然后来又进行了第二次战争，但战争结果也如英、法、荷所愿。

第四，日本虽有幸数百年不曾经历战争，但还是应备好蒸汽船等，以防万一。战争不知何时就会到来，而战争结束后便要签订条约。美国希望能在战争爆发前与日本和平签订条约，倘若条约签订顺利，那么其他国家也会效仿。

第五，贸易往来不仅能使国家受益，更能带动整个世界的共同繁荣。通过贸易能够将本国生产的超出国内需求的产品销往国外，并从其他国家引进国内没有的物品。

第六，英国人迟早会来日本，要求设立领事馆并寻求贸易往来。英国原本应在这年3月来日，只因在中国作战而推迟。法国人本来也同样会来日本，也因在中国作战而延后。一旦结束与中国的战争，两国会立即采取行动。

哈里斯以上述理由催促日本在英法到来之前与美国签订条约。该演讲虽是从美国的利益出发，但解释了工业革命后的世界形势和贸易往来的重要性，说明了英俄大博弈和第二次鸦片战争的意义，拓宽了当时日本对世界的认识，继荷兰国王的亲笔信和美国总统的国书之后，进一步让日本对世界史的"潮流"有了系统的了解。受到此次演讲的影响，日本在长崎与荷兰人谈判的同时，江户方面也从12月开始与哈里斯进行条约谈判。日本准备在谈判中对照其他情报，对哈里斯关于国际关系的演说内容进行讨论和批判。

1858年1月，最终的条约草案形成，但幕府为了获得天皇的批准，推迟了签署时间。2月，堀田等人进京，详细说明了拿破仑战争结束后至印度民族大起义这三四十年间的世界总体形势，并解释"亲善贸易"不容拒绝。然而，天皇在听取情况说明之前，就已经表明反对条约。5月下旬，堀田退位，井上直弼继任大老。条约签订尚待天皇批准。6月，美国军舰上传来消息，清朝在第二次鸦片战争中被英法联军击败，签订了《天津条约》。哈里斯警告说，如果再推迟签字，待英法军队到来，就只能被迫签订屈辱条约。经商议，幕府在没有天皇"敕许"的情况下，于6月19日在《日美友好通商条约》上签字。该条约规定：两国应在平等的基础上互派公使、领事；除下田、箱馆外，增加开放神奈川、长崎、新潟、兵库（下田将在神奈川开放后关闭）；设置居留地；另辟江户、大阪为商埠；允许自由贸易且日本官厅不得干涉；此外，还承认治外法权和宗教信仰自由。有关进出口商品的关税率，则通过另外的"贸易章程"规定。

此后不久，日本又与荷兰（7月10日）、俄国（7月11日）、英国（7月18日）和法国（9月3日）签订了内容大致相同的友好通商条约。这些条约被统称为"安政五国条约"，它们将日本彻底地纳入了"条约口岸体制"。

在这一系列条约签订之后，神奈川、长崎和箱馆于1859年6月开始实行真正的"开埠"。事实上，各种禁令和限制并没有立即解除，此时的贸易往来主要集中在神奈川对岸的横滨，在治外法权的保护下以英国商人为主的居留地贸易得以发展，主要出口生丝和进口棉纺织品。由此，日本被纳入世界资本主义经济体系。与中国一样，日本被定位为向西方提供初级商品的出口国。结果，日本国内经济陷入混乱，底层贫困加剧。幕府不得不与各国商谈推迟新潟、兵库等地的开港。在商谈中，于1859年7月在美国之后设立领事馆，任命奥尔考克为第一任领事（9月为公使）的英国站在了日本一方。

近年来，日本学术界对"安政五国条约"的评价发生了很大变化。一直以来，该"未经敕许的开国"被视为对不平等条约的承认，而批准条约则被认为是政治失误。井上胜生却认为，这才是更为现实的选择；当时，整个武士阶层都主张"开国论"，天皇拒绝签订条约才是不切实际的，应对明治政府所编撰的《维新史》中带有的偏见进行批判。的确，日本签订的条约虽然也是不平等条约，但与中国签订的《天津条约》和《北京条约》相比，还是有非常大的差异。日本签署的条约中没有清朝所承认的外国人的内地旅行权、基督教传教权、鸦片进口权，并且开放的港口也有限，没有类似开放扬子江流域的内容。日本的开国既没有割让领土，也没有受到外国武力的干涉。三谷在对开国的过程进行详细分析后甚至发现，虽然条约规定承认治外法权、放弃关税自主权，但实际真正给日本造成了多大的损失还是个疑问。此次开国只能说明，日本决定正式进入西方国际法的世界。某种程度上来说，正是第二次鸦片战争中中国的反抗和"亚洲大起义"让日本有了充分的准备时间，从而平稳地实现了"积极开国"。日本主动准备积极开港，"加入了欧美列强主导的世界体系"，也就是说，加入了主权国家冷酷的国际关系之中。无论是好是坏，主权国家之间遵照一定的国际法行动，世界史上的这股"潮流"，逐渐在日本"本土化"。

继 1828 年的《土库曼恰伊和约》、1838 年的《巴尔塔-利曼条约》和 1842 年至 1844 年的《南京条约》《望厦条约》和《黄埔条约》后，不平等条约中新增了 1854 年至 1855 年日本和琉球签署的亲善条约，以及泰国签署的《鲍林条约》。而通过安政年间签订的各条约，不平等条约中新增了通商条款，东亚的条约口岸体制进一步发展。此后，"安政条约"将成为泰国、越南、朝鲜等国与列强缔结条约的基准，使条约口岸体制"联动"起来。

对外认识的途径

随着条约的签订，日本国内出现了幕府内部的对立、幕府与朝廷的对立、"开国派"与"攘夷派"的对立，这是对外政策的分歧导致国内政治方针出现分歧的过程。在此期间，幕府的体制从根本上被动摇了。虽然这里不对其进行详细论述，但值得一提的是，当时日本已经认识到，在"欧美各国通过通商条约，与日本列岛建立了外交关系"之后，"日本有必要创设一个单独的政府"。于是，建立审议国家事务的机构成为首要任务。有人提出建立"公议所"，作为集结众人〔不仅是诸侯，还包括"四民"（士农工商）〕意见的一个机构，也就是"议会"。然而，在这个时代，日本从何处了解议会相关知识呢？

开国后，关于世界形势和世界历史的认识在日本迅速传播。除了前面提到的哈里斯、英国公使奥尔考克和译员欧内斯特·萨道义等外国使节外，日本还拥有主动获取信息的途径。

其中之一，就是向各地派遣幕府使节团。1860年1月，第一个赴美使节团携带《日美通商航海条约》批准书出发，胜海舟等人搭乘"咸临丸"号随行，同行的还有中浜万次郎、福泽谕吉等人。1862年1月，第一个赴欧使节团——"文久遣欧使节团"出发，前往欧洲商谈推迟开港事宜并探索西方情况，同行的有译员福地源一郎、西洋学者箕作秋坪（箕作麟祥的叔父）、福泽谕吉等人，他们通过此行增长了见闻。1862年5月，幕府派遣使节前往上海，高杉晋作随行，亲眼见证了清朝与欧美各国的关系。此外，在1862年至1867年期间，幕府为了横滨闭港谈判、横滨制铁所建设准备、边境划定协议、军舰购买谈判、巴黎世博会访问等事宜，派出使节，并派遣留学生团前往欧美学习，使节团中有"幕府以外的藩士以及全国各地的医生、商人、富农"等随行人员，一同前往体验西洋文化，增长见闻。1867年，箕作麟祥随德川昭武带队的世界博览会使节团前往巴黎。

第二种途径是事实上的"偷渡"。1863年，伊藤博文、井上馨等人偷渡到英国；1864年，新岛襄偷渡到美国；1865年，寺岛宗则、森有礼偷渡到英国。他们看到了欧美的现实情况。例如，伊藤和井上等人在英国麦迪逊商会的援助下于1863年5月起航，9月抵达伦敦，在那里参观了博物馆和艺术馆、海军设施、造船厂和其他工厂，为英国的文明程度和国力的强大所折服，并很快摒弃了攘夷的观念。据说陆奥宗光也曾偷渡到上海一带。这一时期，年轻一代在各藩的默许下，纷纷偷渡到国外去增长见闻。

第三种途径是设立了收集海外信息的机构。开国后，幕府终于开始积极了解世界形势。1855年1月，幕府改组蕃书和解御用挂[1]，设立洋学所，同年7月，开设长崎海军传习所，学习西式海军和航海术（一直存续到1859年）。1856年，洋学所更名为蕃书调所，1862年，蕃书调所改称洋书调所，不久又在1863年改为开成所。箕作麟祥的祖父箕作阮甫曾任蕃书调所、洋书调所的教授；这里以兰学为主，英学为辅，1860年至1864年间还曾开设法语、德语、俄语科目。幕府以此处为中心，收集并翻译了海外信息，并且为了公开海外信息，于1862年1月至2月印刷发行《官版巴达维亚新闻》，同年8月至9月发行《官版海外新闻》；这两份报纸是荷属东印度总督府在巴达维亚发行

---

1. 蕃书和解御用挂：1811年，江户幕府设立的专门从事兰学翻译、研究的机构。

的机关报《爪哇新闻》的译本。

开国之后的日本通过上述途径加深了对外面世界的了解。前面提到的关于"公议所"也就是议会的知识想必也是这样传入日本的。于是，这一时代的世界史"潮流"便以这种形式逐渐渗透到幕末时期的日本。

朝鲜的内外危机

在面临西方列强的逼近时，朝鲜采取了与日本截然不同的应对方法。第二次鸦片战争后，1860年英法联军占领北京的消息传入朝鲜，朝鲜政府提高了对西欧的戒备，"人们认为西方列强随时会入侵朝鲜，于是纷纷罢工，富人躲进山野避难，官员逃回家乡，国内局面陷入一片混乱"。俄国在第二次鸦片战争中担任清朝与英法之间的调停者，在1860年的《北京条约》中逼迫清政府割让了沿海城市。如此一来，朝鲜与俄国便成了直接接壤的"邻国"，俄国也于1864年后开始寻求与朝鲜通商。自1831年以来，法国一直以传播基督教为由向朝鲜派遣传教士，1846朝鲜王朝镇压基督教，法国对此表示抗议，并在第二次鸦片战争结束后开始重新接近朝鲜。

1861年从清朝回国的朝鲜使节针对当时的国际形势作了如下报告：对于西方来说，"我国（朝鲜）没有什么值得交易的财宝，所以不会轻易入侵"；加之，清朝有太平天国之乱，"北京的军队固守辽阳潘阳，列强要突破防守来到朝鲜也绝非易事"；但是，若有基督教徒和鸦片成瘾者做其内应，则难以阻挡入侵；因此"现在该忧心的正是内患，而非外敌"。

这一时期，朝鲜的对外认识可分为三大类。一是接受中国的册封，向中国朝贡，奉行"以小事大"的事大主义，依靠中国的力量。二是"小中华思想"，认为明朝灭亡，清朝这一夷狄统治了中国，中华正统由朝鲜传承，实则为"朝鲜中华主义"。三是"北学派思想家"提倡从清朝引进实用学问，他们具有多元的世界认识，认为中国、朝鲜和西方"均为正界"。其中，事大主义在这一时期占据绝对优势。1863年，朝鲜高宗即位，其生父大院君掌权，实施一系列内政改革，并推行强硬的攘夷政策。然而，在朝鲜社会深处，1860年崔济愚创立了以儒教为基础的民间宗教——东学。1862年爆发了贫民和无土地农民的起义，称为"壬戌民乱"。这些将在不久之后产生重大影响。

在"亚洲大起义"期间，相邻的两个东亚国家，利用局势的缓和，采取了截然不同的应对方式，相比之下可以看见日本应对方针的独特之处。那么，亚洲以外的地区又如何呢？这一时期，美国、俄国和欧洲的紧张局势有所缓和，没有列强相互之间的武装干涉，各自进行了社会和政治改革。

美俄的改革与欧洲：南北战争、"大改革"及"创业热"

1861年，美利坚合众国爆发南北战争，战争持续到1865年。战后，美国维持了国家的统一，在奴隶制、政治和经济方面进行了一场堪称"革命"的改革。日本国内也很早就关注了这场战争。1872年，文部省编写的小学生教科书《史略》中写道："买卖人类有违人道主义，应该一洗这一旧习，使所有黑人都获得自由，于是爆发了南北战争。"1875年，师范学校创建者田中义廉编著的《万国史略》出版，书中重点介绍了"黑奴"问题，并描述了南北战争的过程。箕作麟祥的《万国新史》中除了讲述美国"商业制造""铁路""电报线""商船""学校""报纸"和"教堂"的发达，也对南北战争及其结果进行了详细论述。箕作不单着眼于"黑奴"，重要的是，他还注意到了南北战争时期的国际关系，指出欧洲各国已经"宣布必须严格遵守局外中立法"。

事实上，帕默斯顿任首相的英国虽然通过各种方法援助了棉花产地的南方军队，但英国官方采取的是"中立"政策，并且在拿破仑三世示意出面干预时，英国和俄国均表示拒绝。从世界史的角度来看，这是由于英法势力被"亚洲大起义"所牵制，不便对南北战争发动武装干预。也正是因为如此，美国堪称革命的改革才能顺利进行。

另一方面，受南北战争影响，1864年之后，在与日本的接触方面，英法取代了美国。同样的情况亦可见于墨西哥。1903年，历史学家坂本健一就在他所著的《世界史》中提出："美利坚合众国爆发南北战争，墨西哥的局势也会随之动荡。"首先，1854年，克里米亚战争期间，美国开始入侵墨西哥，而在南北战争期间，英法也加入其中。1861年，胡亚雷斯当选墨西哥总统，英法与西班牙一起开始对墨西哥进行军事干预。但英国受"亚洲大起义"的牵制，没能真正介入，次年与西班牙一同撤军。拿破仑三世统治下的法国继续发动军事侵略，于1864年拥立奥地利皇帝的弟弟马克西米利安，建立了墨西哥第二帝国。随着南北战争结束，1866年普奥战争爆发，法国撤军，帝国随之解体，墨西哥恢复共和制。

对俄国来说，"亚洲大起义"则是向亚洲扩张的契机。英国被直接卷入起义运动之中；法国对越南、墨西哥进行干预，并在军事上支援意大利境内的撒丁王国；新兴的普鲁士也将英俄在亚洲的角逐视为一个好时机。然而，由于1861年"大改革"和随后的波兰起义，俄国不得不暂时放缓向亚洲扩张。

俄国在克里米亚战争中战败后，1850年代末，由于农民起义频繁爆发，开始进行农奴制改革，并于1861年颁布农奴解放令，实施了所谓的"大改革"。此次改革并非赋予农奴土地所有权，而是将土地给予村社，农奴可以通过村社使用土地。但俄国的农奴解放也与波兰问题相关联。1863年1月，俄属波兰爆发了大规模的对俄武装起义（一月起义），主导起义的贵族（施拉赤塔）为了吸引农民支持，承诺独立后分配一定数量的土地。然而，俄国作出了更加有利于农民的解放承诺。将起义镇压后，俄国于1864年向波兰颁布了农奴解放令。

列强并没有对波兰的起义进行政治或军事干预。首先，由于"亚洲大起义"，英法也无暇进行干预。另外，英国认为只要欧洲的局势对俄国来说持续紧张，俄国就不会向亚洲进军。的确，英俄大博弈中，俄国再度进军亚洲是在1865年波兰问题暂时告一段落之后。

从与日本的关系来看，俄国与美国一样，暂时停止接近日本。在这一时期，俄美两国正经历着巨大变革，相反，英法两国则替代俄美加紧接近日本。标志性事件是1861年俄国军舰占领对马和英国的强硬反对，尽管大规模对抗并未形成。

"亚洲大起义"期间，在局势缓和的欧洲，也有一场巨大的变革悄然而至。1860年代的"创业热"带动了经济的发展。通过1848年革命，欧洲各国在很大程度上清除了封建因素，虽然在50年代末出现倒退，但仍迎来了持续至 1870 年代初的"大繁荣"时代。这一时期，欧洲少数"发达"国家实现了工业化经济，铁路建设规模不断扩大，出现了近代银行。至此，世界开始进入资本主义时代。1860 年，英法之间签署了自由贸易协定（《英法商约》）。

从世界历史的角度来看，"创业热"绝不仅仅是欧洲内部独立进行的一场运动。它是在以亚洲等地的牺牲换来的缓和局势中产生的。另外，它也建立在欧洲向亚洲及其他地区进行经济扩张的利益之上。根据马克思的观点，Crédit Mobilier（法国的投资银行）的投机活动引发了 1857 年至 1858 年的经济恐慌，而欧洲能相对迅速地从经济危机中恢复过来，与 1857 年的另外两个重大事件有关，即印度兵变和中国的第二次鸦片战争。这两个事件是印度和中国反殖民主义斗争的开端，但最终都被欧洲军事力量所镇压，从短期的影响来看，巩固了欧洲在亚洲的殖民统治。殖民地带来的利益果实对防止欧洲经济崩溃起到了重要作用。[1]

正是在这种"亚洲的牺牲"之上，欧洲得以为经济发展和"民族国家"的形成做好准备。1860 年代，拥有工业实力的国家逐渐壮大。普鲁士作为英国的对手，主导了欧洲民族国家的形成过程。

在英法将国际关系方面的注意力集中于"亚洲大起义"期间，日本在没有列强武装干预的情况下实现了开港，并对世界局势展开研究。与此同时，美国和俄国正在经历巨大变革，欧洲实现了经济发展并为下一个"民族国家"时代的到来做好了准备。

1.《马克思恩格斯全集》（第一版），第十二卷，人民出版社，1962：584—626。

欧洲民族国家的形成及其影响
——紧张局势向欧洲转移

民族国家的形成——欧洲的大战争时期

在"亚洲大起义"平息,美俄的改革也接近尾声之际,欧洲发生了一场大规模重组。经过奥地利、法国、英国参与的第一次和第二次意大利统一战争,1861年,意大利王国建立。随后,以普鲁士为中心的欧洲动荡开始加剧。1864年,普鲁士对丹麦发动石勒苏益格-荷尔斯泰因战争,扩大了领土,1866年又通过与奥地利之间的普奥战争确立了其在德意志北部的领导地位。意大利通过普奥战争收回了威尼托(中心是威尼斯)。1867年,匈牙利与奥地利建立奥匈帝国,成为"二元君主国"的成员。最后,普鲁士通过与法国之间的普法战争,于1871年统一了德意志。

1866年至1870年间,欧洲大国之间战乱不断。因此,全球紧张局势都集中于欧洲。历经战乱后,欧洲"民族国家"形成,取代了"帝国",分布在整个欧洲,后来成为世界范围内普遍的国家形式。这里所说的"民族国家"(nation state)中的"民族"(nation),不单单是指"居住在某个国家的人民"或"居住在某个国家并对这个国家忠诚,有忠诚奉献精神的人民"。横向来看,"民族"是指意识到共享某种语言文字、文化习俗、历史经验甚至血缘的人类群体。纵向来看,这群人意识到他们在法律面前拥有平等的权利和义务。"民族"是利用"被发明的传统"创造出的"想象的共同体"。其发展历程如下：法国大革命前后，精英阶层萌发了民族意识，1848年大革命后扩散到中产阶级，而后为了向下层人民渗透，开始"自上而下"塑造民族意识。这种"自上而下"的民族行动是被称为"官方民族主义"的意识形态运动，宣传过去的伟大、民族的优秀等。最后"民族"作为"想象的共同体"形成国家，也就是1870年前后建立的欧洲民族国家。

英俄在亚洲的外交扩张

在欧洲重组的动荡时期，亚洲的紧张局势有所缓和。英国和俄国正在悄悄地推进扩张。

俄国在镇压波兰起义之后，恢复向中亚扩张的计划。1863年武力镇压波兰起义使俄国在欧洲声誉受损，沙皇亚历山大二世只能通过进军印度来恢复名誉。在俄国，鸽派认为应消除亚洲的不稳定因素，以便为欧洲的贸易活动留下余地，鹰派则认为占领中亚国家才有利于在欧洲与英国开展贸易。鹰派的观点占据上风，于是俄国制定了进攻印度的计划。这标志着"大博弈"正式拉开帷幕。

1864年至1873年间，俄国积极地在中亚攻城略地。美国内战导致原棉短缺，受此危机的刺激，俄国开始对中亚展开全面军事行动，于1865年占领中亚的重要商业城市，即浩罕汗国的塔什干，并于1867年在此设立"突厥斯坦总督府"，又分别于1868年和1873年将布哈拉汗国、希瓦汗国纳为保护国。由此，俄国先于英国扩大了在中亚的势力。对此，箕作的《万国新史》中早有记载：俄国"于突厥斯坦之地拓其版图，……欲在南边使其边境与英属印度相接"。

另一方面，伊朗和阿富汗因与印度相近而成为英俄的重点争夺对象，争夺的焦点是赫拉特。当时，马克思也曾强调赫拉特在英俄"严重冲突"（大博弈）中的重要性[1]。箕作与马克思持相同观点：喀布尔君主多斯特·穆罕默德汗于1862年进攻赫拉特，并于次年占领赫拉特，但在他死后，阿富汗陷入混乱，成为英俄两国争夺的目标。"英国人若掠夺之，英国必称霸中亚；俄国人若吞并之，俄国必进逼印度"，在这样的情况下，英俄双方的利益产生了直接冲突。

然而，在1864年至1873年间，英俄都采取了避免武装冲突的策略。英国因为不得不将注意力集中在欧洲的紧张局势上，所以试图通过外交而非军事手段来对抗。在东亚问题上也是如此。英国认为，在印度以东的亚洲地区只需维持稳定的经济活动即可。此外，法国也因欧洲战争方面的顾虑，不得不暂停参与东亚事务，将保住法属印度支那作为第一要务。这标志着亚洲国际紧张局势的缓和。就是在这样的国际背景下，日本迎来了明治维新。

明治维新——世界历史的产物

效仿西方政体

的确，从1863年5月的"下关事件"[2]和1863年7月的萨英战

---

1. 《马克思恩格斯全集》（第一版），第十二卷，人民出版社，1962：133—139。
2. 指1863年5月长州藩武士炮击经过下关海峡的外国船只的事件。

争[1]，再到 1864 年 8 月以英法为首的英法美荷联合舰队炮击下关，西方列强试图以武力逼迫日本开国。英法虽然伺机采取行动，持续打压反条约势力，却并没有全面使用武装力量。尽管如此，由于在 1863 年至 1864 年遭遇战败，萨长还是在伊藤等有海外游历经验的人的坚持下转为开国派。原计划避免武装冲突的英法等国为了得到天皇的"敕许"，让日本履行条约，最终还是采用了武力示威的方式。1865 年 9 月，英、法、美、荷四国的军舰入侵大阪湾，同年 10 月，天皇批准了友好条约。至此，日本确定实施开国政策，"日本列岛将作为一个整体（日本国），与西方国家建立基于条约的外交关系"。

过去曾有学者讨论过这一时期日本对西方军事侵略的畏惧和日本的"殖民地化危机"，尤其强调了自 1861 年俄国军舰占领对马事件以来英国侵占日本领土的意图。然而，近年的研究表明，实际上英国将贸易和稳定经济活动放在首位，并不考虑通过内乱、侵略或战争夺取领土。这是石井孝很早以前就提出的观点。井上胜生则认为，要"关注具体的国际形势，而不是建立一个片面的抽象理论"。

此时，欧洲正在经历战争性民族重组，西欧列强的注意力转向欧洲内部。日本因此才得以在没有西方国家严重干预（尤其是军事干预）的情况下推进变革。西欧列强之中，美、俄、普、意、奥都无暇顾及东亚。英法也优先考虑对印度、印度支那和中国的政策，将日本放于次位，回避重大军事干预，且英国禁止以任何形式干预日本的内政。

1863 年 8 月，英国皇家海军提前结束萨英战争，原因是海军提督

---

1. 萨摩藩与英国之间的战争，又称鹿儿岛炮击事件。

断定没有足够的军力和粮食。若进一步追问为何没有足够的军事力量，就不得不提及在中国对太平天国的镇压，及英国宣称中立的美国内战，因为在不久后的 1867 年，英国便将海军力量集中到了中国和北美（参见 18—19 页，表 1）。1863 年 11 月至 12 月期间，外交大臣罗素曾多次命令驻日领事馆和海军机关务必保护英国臣民和财产，既确保和平通商，也要"限制战争行为"。1864 年 8 月，卢瑟福·阿尔科克因不顾本国限制战争的政策，与法国一起炮击下关，被罗素召回英国。第二次鸦片战争期间曾在中国服役的巴夏里接替了他的工作。

在天皇批准友好条约后，应该在日本建立一个怎样的"统一体"成了日本社会关注的焦点。当时日本参照并采纳了欧美的政治思想和政治制度。

1866 年 8 月，福井藩主松平春岳向当时担任"禁里御守卫总督"[1]的德川庆喜提交七条政体构想，在其中谏言"天下大政，应归还朝廷"，应重视"天下公议"。1867 年 6 月至 7 月，土佐、萨摩确立了以"王政复古"为核心的政体构想，并将其总结为"七条约定"，核心内容是：天下政柄应由朝廷掌握，所有制度法律均应出自京都议会；议会应分为上下两院，议员应不论身份地位，皆由选举产生。其宗旨与春岳的七条政体构想一致，但增加了上下议院及议员选举的内容。

这些构想或多或少是受到了于 1866 年 10 月出版的福泽谕吉的《西洋事情》（前三卷）的影响，书中介绍了 1787 年的美国宪法："决

---

1. 1864 年新设的官职，负责京都御所的警卫。

定国家事务的权力属于合众国国会",国会分为上下两院,"下议院的议员是由选民普选产生,作为人民的代表,任期为两年"。除福泽谕吉之外,也不乏其他影响因素。例如,箕作阮甫翻译的《大美联邦制志略》(1861年),书中在论述了美国的"开国原始"(建国)和"民脱英轭"(独立)之后,又在"建国立法"一章介绍了联邦制和三权分立,"设官分职"一章描述了立法和行政的关系,"理刑规则"一章介绍了审判制度。又或者,1867年5月在京都开设兵学塾的赤松小三郎写给松平春岳和岛津久光的建议书也产生了一定影响,其中提到:"应设立上下议政局,以及采取以普通百姓为对象的议员选举制度。"更广泛地说,还应考虑英国外交官欧内斯特·梅森·萨道义所著的《英国策论》的影响,它发表在1866年上半年的横滨英文周刊《日本时报》上,很快被译成日文,广为流传。《英国策论》中提到,一直以来对外条约的主体都是"一统日本的君主",也就是"大君"(将军),但实际上,"大君"只是"诸侯之长"(大名之长),因此,应废除与"大君"的条约,重新建立与"皇帝"(天皇)和"联合诸侯"的条约。这等同于"试图将政权从幕府转移到一个效忠天皇的雄藩联盟",可以说是干涉内政,在当时似乎影响甚广。

据记载,1867年6月,坂本龙马与土佐的后藤象二郎共同起草了"船中八策",提出:"将政权奉还朝廷",设立"议政局",改革官制,端正"与外国之交",制定"无穷大典"即宪法,建立陆海军,改革通货制度。坂本龙马当时还说,唯有"察方今天下之形势,审宇内万国而后定"。也就是说,立足日本的国情,将其与世界各国的情况相结合。那么,是怎样"审"的呢?例如,"船中八策"与萨摩的"七条约定"存在着怎样的关系？与"约定"相比，"船中八策"最大的不同是没有提到选举，但除此以外确实有许多相似之处。或许坂本龙马也参考了福泽谕吉的《西洋事情》？萨摩与土佐以"船中八策"为基础，于6月缔结"盟约大纲"，也规定"观天下之形势"而进行改革。1867年10月3日，土佐诸侯领袖山内容堂向德川幕府呈交"大政奉还建议书"，其中包括以下几点：朝廷拥有决定国家事务的全部权力，一切制度法则应出自议政所，议政所应分上下，议事官应通过选举产生。以上便是对当时所涌现的全部观点的归纳。

在这个时代的日本，寻求变革的年轻武士们聚焦全球动向，并试图使世界各地盛行的思想和制度，即世界史的"潮流"在日本实现"本土化"。19世纪世界史中的民主主义理念通过各种渠道传入日本列岛，自由、权利、进步、文明、选举、众议院和主权等概念也在这一时期传入日本。日本吸收接纳这些信息，并将其本土化，从而确立了新的政治制度。

日本的明治革命

1867年秋后，一股新势力迅速崛起，这一过程也被称为"维新革命"。近年来，历史学者试图结合当时西方发生的各场革命来解释维新革命。三谷博也曾提出这个想法，并认为这样一来，便可以将日本历史和外国史放在同一层面进行探讨。

1866年12月出任幕府将军的德川庆喜在1867年10月14日接受山内容堂的"建议书"，实施"大政奉还"。英国驻日公使巴夏礼希望此举是"以和平方式对国家机构进行彻底革命"的开始。然而，庆喜却意在建立一个可以称之为"大君制"的绝对主义政权,以巩固自己的权力。对此,萨摩、长州两藩联合岩仓具视,于12月发表"通过王政复古建立新政府"的政治宣言,该事件被称为"十二月九日政变"[1],即通过政变建立临时革命政府。新政府"废弃以往的朝廷与幕府,将天皇与臣民直接联系起来,基于臣民的公议运作",并令德川庆喜辞去将军一职。新政府通过军事力量和"超越一切存在的天皇"的权威,创造了"公论",以此掩饰其正统性存疑的问题。岩仓当时辩称,议事院等制度并非模仿欧美,而是建立在"公论"之上。就这样,西方国家的制度被日本引进。

维新政府为了获得其他国家的认可,与英国驻日公使巴夏礼等人协商,说服他们接受了王政复古。1868年1月,维新政府发布了对外亲善公告,称迄今为止由于"幕府长久以来的失误",在"外交事务"上一直犹豫不决,但"经此次朝议,现已决定缔结亲善条约"。虽然维新政府后来将缔结条约视为幕府的"失政",并提出"与万国对峙"的目标,但是此时,革命政权在公告发布后得到了国际认可。

与此同时,从1868年1月的鸟羽伏见之战开始,日本内战不断(戊辰战争)。经过4月江户开城,4月至9月会津战争,内战于1869年5月以五棱郭沦陷告终。在此期间英国和法国宣布"局外中立",遵守不干涉的原则,这一点非常重要。

在内战期间,新政府于1868年1月引入了西方官僚制度,随后于3月14日颁布了代表新政府方针的《五条誓文》,也称为"革命宣

---

1. **事件日期是1868年1月3日,庆应三年十二月九日。**

言"，内容包括：引入西方政治制度，"广兴会议，万事决于公论"；呼吁国家统一，"上下一心，盛行经纶"；追求"官武一体，以至庶民，各遂其志，毋使人倦怠"；提出"破除旧来之陋习，一本天地之公道"；宣扬以国际模式为基础，汲取世间的知识，巩固天皇的统治基础，"求知于世界，大振皇国之基础"。总的来说，这是一个效仿西方体制，确立以天皇为中心的日本体制的宣言。4月颁布的《政体书》将宣言进一步具体化，可以说相当于临时宪法。该《政体书》以《五条誓文》为基本方针，确定中央政府为"太政官"，分立法、行法、司法三权，禁止立法官和行政官兼任，同时在地方实施"府藩县三治制"。也有人指出，《政体书》受到了美国宪法和福泽谕吉的《西洋事情》的影响。新政府确立了全国统治体制。随着1869年"版籍奉还"、1871年"废藩置县"的实行，幕藩体制逐步解体。日本建立了新的西式中央集权统治制度，明确了新的主权国家的权力。

由此可见，明治维新的过程并非史无前例，它是欧美的"革命"，也就是19世纪世界历史的"潮流"在日本的"本土化"。

专栏1：万国史的登场

在西方，人们为了迎接世界史的诞生，看到了脱离始于"创世"的基督教普世史的必要性。对普世史的批判始于18世纪末的启蒙主义者伏尔泰等人。伏尔泰认为，历史是"基于事实对民族精神、风俗和习惯的描述"，并且不能忽视亚洲历史。到19世纪上半叶，以启蒙主义兴盛的苏格兰和爱尔兰为中心，普世史进一步被批判。苏格兰的泰特勒（A. F. Tytler）撰写了一部将阿拉伯、印度、中国纳入视野的世界史。爱尔兰的泰勒（W. C. Taylor）对世界历史进行了广泛的描述，虽然是以英国为中心，但详细记述了殖民史，并开始关注印度史和中国史。与此同时，普鲁士也兴起了摆脱普世史的运动，由波利策（K. H. L. Pölitz）、米勒（J. Müller）和韦尔特（Th. B. Welter）等人主导。就波利策而言，他强调要基于资料文献运用事实书写历史，书写范围以欧洲为主，非欧洲地区仅限于与欧洲有某种接触或联系的阿拉伯、蒙古、土耳其等。另一方面，在美洲，古德里奇（S. G. Goodrich，笔名彼得·帕利）撰写了一部世界史，在以创世为前提的同时，对亚洲、欧洲、非洲、美洲、大洋洲的历史一一进行了论述。到19世纪中叶，实证主义史学压倒了普世史。其中一个例子是，利奥波德·冯·兰克1854年的讲义《论近代史的各个时期》。该讲义分"时代"阐述了罗马帝国以来的世界历史，探讨了各个时代的亚欧关系，通过考察欧洲各民族历史之间的关系来总结整个欧洲的历史，并试图描述各时代中"主要潮流"的渗透状况。此时在英国，钱伯斯兄弟（W. & R. Chambers）的《近代史》备受关注，这是一部将亚洲史也纳入广阔视野的"当代史"式的世界史。

　　幕末维新时期，西方的世界史传入日本，被称为"万国史"。其前提是幕府末期"泰西史"的出现。一部是箕作阮甫的《极西史影》，它指出历史应该以事实为依据，并将1833年之前的西方历史分为古史、中史和新史来描述。另一部是手塚律藏的《泰西史略》，它是波利策所著《世界史》的译本。明治时期出现了三部"万国史"。一是西村茂树的《万国史略》，虽只是对泰特勒原著中"绪论"部分的翻译，但包含很多与历史方法相关的内容。二是寺内章明译编的《五洲纪事》，它是美国的古德里奇所著之书的译本，也便是不久后出现的日本"万国史"的基础。三是箕作麟祥编著的《万国新史》，讲述了从法国革命到巴黎公社这一时期的世界史，是一部以钱伯斯兄弟等人的著作为参考，不局限于欧洲，还囊括了非洲、南美、中亚、南亚和东亚历史的"现代史"。

第二章

"民族国家"时代
—— 世界史中的明治国家

本章概要

　　1870年前后欧洲民族国家形成时期的紧张局势缓和之后，在英俄大博弈的角逐之地——南亚和东南亚，新的紧张局势出现了。此时，处于旋涡外围的东亚，以1875年"江华岛事件"为导火线开始"巴尔干化"，明治维新体制就在这一过程中逐渐确立。南亚和东南亚的紧张局势因巴尔干半岛新一轮紧张局势的升级而有所缓解。在这种新的紧张局势下，最终爆发了1877年至1878年的俄土战争。战争结束后，各国为维护欧洲的和平，在俾斯麦领导下建立了"柏林条约体制"。另一边，列强向中亚和非洲扩张，国际紧张局势随之转移。1884年至1885年的柏林西非会议缓和了欧洲列强之间的紧张关系，法国又接着向亚洲扩张并引发了中法战争。随后在1880年代末，非洲爆发了一场堪称"大叛乱"的人民运动，紧张局势从亚洲转移到非洲。在亚洲局势平稳期间，日本建立了君主立宪制国家。

俾斯麦的"和平"和亚洲的 1875 年
——紧张局势向亚洲转移

欧洲民族国家之间的均衡与亚洲

从 1870 年代开始,以德意志帝国(俾斯麦宰相)为中心的欧洲民族国家之间的关系发生变化,并对亚洲产生了影响。虽然英国仍然是资本主义世界的中心,但这个时代国际危机的焦点是德国。俾斯麦时代初期,德国建立了同盟关系以维持欧洲的"和平"。为赢得列强的信任,俾斯麦宣称:就目前而言,德国是一个"充裕的国家",没有对外的野心。法国在普法战争中战败,担心法国报复的俾斯麦采取了孤立法国的政策,并于 1873 年缔结了德俄奥"三皇同盟",旨在为德国自身的发展创造一个有利的国际环境,同时避免与英俄等大国对立。对于英国来说,也正需要借助德国的力量来牵制俄国。欧洲各国关系的稳定对于克服 1873 年的世纪末"大萧条"也至关重要。

当欧洲动荡的国际关系告一段落并趋于稳定时,世界紧张局势再次向亚洲转移。1870 年至 1875 年是世界历史上的紧张局势从欧洲向亚洲转移的时期。在此时的亚洲,尤其在东亚,国际形势紧张,已经完成明治维新的日本成为打破平静的主要因素。

世界紧张局势通过多个途径向亚洲转移,第一个途径便是英俄大博弈。俾斯麦希望英俄能继续在亚洲对抗,并对此加以推动。一旦亚洲方面的冲突解除,俄国就会加强其西部边境的军事威胁,如果德国和俄国发生冲突，法国就会立即谋划夺回阿尔萨斯-洛林，因此俾斯麦无论如何也要维持英俄在亚洲的紧张关系。

英国试图进入伊朗市场，其标志是1872年英国获得"路透特权"。路透社创始人保罗·路透从伊朗获得铁路特权，实际上也涵盖采矿、电信、银行等领域。虽然该特权在不久后就被废除，但仍引起了俄国的警惕（可以说，该特权为后来列强向中国扩张开了先例）。在英属印度，由于德干高原的农民反对英国在1840年代引入的莱特瓦尔制度[1]，1875年爆发了"德干农民起义"，动摇了英国在印度的统治。同时期俄国的扩张也对英国的利益形成威胁。俄国在控制了中亚地区之后，继续向东推进，于1871年入侵并占领伊犁地区。在此之前，中亚浩罕军官雅霍甫[2]于1870年入侵并控制了新疆大部分地区，赶走了侵占区域内的清军。俄国占领的伊犁也位于新疆。雅霍甫于1877年暴卒，他所建立的地方殖民政权瓦解，清军逐步收复新疆各城。俄国在控制伊犁的同时，于1876年吞并浩罕汗国，加上之前占领的中亚地区，势力直抵南亚的印度。

此时法国也在向东南亚扩张。在普法战争中战败的法国，由于俾斯麦的孤立政策，无法在欧洲周边扩张势力，便将目标转向与英俄的势力范围没有冲突的东南亚地区。1862年，法国通过第一次《西贡条约》侵占了交趾支那（南圻）。1869年，数十万埃及劳工用血泪建造的苏伊士运河开通，进一步加强了法国与交趾支那之间的联系。1870年代，在普法战争中战败后不久，法国又试图入侵越南北部。1873年

---

1. 亦称农民租佃制，"莱特"（ryot）在印地语中意为农民。
2. 汉名阿古柏。

4月，法军在河内与阮朝发生军事冲突，并与中国的地方武装黑旗军交锋。普法战争刚结束，法国无法大规模兴兵，因此在次年3月签订的第二次《西贡条约》中，只获得了在红河的通行权和主要城市驻兵权。当时，法国试图以越南是一个完全独立的国家为由，使其断绝与清朝的宗藩关系，但清廷坚持声称越南是"属国"。这也预示了日后围绕《江华条约》形成的中、日、朝三国关系的走向。

就这样，在1870年代前半叶，列强的焦点转移到了南亚和东南亚。

日本"民族国家"形成

明治新体制

与南亚和东南亚相比，同时期列强对东亚的关注度并不高。在这样的世界历史背景下，日本明治维新制度得以建立。完成明治维新后，日本以追求近代化为目标，采用与列强相同的统一国家的理论，并试图在东亚地区扩大势力范围。在东亚历史上，1875年是一个重要的里程碑。

首先，从国内体制来看，日本在明治维新之后，效仿欧洲的国家模式建立了新的统治体制。在1870年代，明治国家通过将人民和领土统一起来，建立了一个中央集权的主权国家，取代了大领主分散的体制。1868年年初，日本就开始讨论将大名的领地和人民归还天皇，后分别于1869年和1871年实施了版籍奉还、废藩置县。与此同时，1869年1月，任"外国事务局御用挂"的伊藤博文和陆奥宗光等人提交了《国是纲目》，阐述了如何向欧洲学习，以建立一个与欧洲国家相匹敌的日本。其中第二条说，全国政治及兵马大权应归还朝廷，理由是如果要"与海外列国并立，实行文明开化的政治"，就必须"将全国政治权力归还朝廷"，换言之就是要废藩，这是效仿欧洲各国废除封建割据和中央集权化的做法。第三条说，"博与世界万国交，不失信于他邦"，理由是"世界万国交易，互通有无"是"天地自然之理"，目标是要像欧洲各国一样通过自由贸易实现繁荣。第四条主张"基于博爱之心，以生命为重，视万民平等，不以上下之别论轻重，使人人享有自由自在之权"，尊重每个人的生命，消除士农工商的阶级差别，让人们获得职业的自由和居住的自由，这也是效仿欧洲人权思想和废除身份歧视的做法。第五条建议效仿欧洲建立大学等教育设施，以"学习广泛的对世界有用的知识"。不愧是熟知西方事务的伊藤和陆奥提出的建议。

不久，1871年，新政府接连实施了一系列"效仿欧洲制度的开化政策"。例如，颁布户籍法、散发脱刀令、允许华族、士族和平民之间的婚姻，废除"秽多""非人"等贱民称呼，准许土地永久买卖等。户籍法尤其重要，规定不按身份高低，而是按居住地将全国居民编入户籍，由政府统一负责居民身份信息的管理，从而践行"四民平等"这一欧洲式原理。然而，在1869年改名为北海道的虾夷地区，随着1871年户籍法的推行，阿伊努人被强制改名换姓。与欧洲一样，主权国家的建立也伴随着此类针对少数群体的暴力。

在对内整顿的同时，政府还需要对外表现出"与欧美列国并立""与万国对峙"的姿态，为此必须修订不平等条约。如前所述，幕府末期的各项条约虽然在一定程度上反映了幕府做出的外交努力，但改变不了"不平等"的事实。于是，政府首脑决定向欧美派遣使节。受派遣的岩仓使节团的任务是为修订"安政不平等条约"进行预备性谈判，同时考察西方资本主义国家的制度、文化。使节团于 1871 年 11 月出发，1873 年 9 月返回日本。这是一个人数过百的大型使节团，右大臣外务卿岩仓具视担任特命全权大使，木户孝允、大久保利通、伊藤博文、山口尚方担任副使，久米邦武、福地源一郎、新岛襄，以及留学生中江兆民、牧野伸显、津田梅子等人随行。后文将对其成果进行分析。

在派出使节团的同时，日本政府继续整顿国家以促成条约修订，除秩禄处分[1]、司法改革、征兵令等措施之外，还实施了被统称为"文明开化"的各项政策。应特别注意的是兵制改革，1869 年至 1870 年，山县有朋在考察了欧洲军事制度之后，效仿普鲁士建立了一支国家军队。在教育领域，1872 年文部省颁布了《学制》，效仿法国在学区制的基础上创办了小学。此外，同年 12 月，日本开始采用太阳历。幕府末期，除了军事部门外，日本还为引进西方知识雇用了 200 多名外国人，明治政府则雇用了更多外国人以完善国家制度。整个明治时期雇用的外国人达 4000 名之多，主要来自英国，其次是法国、德国和美国。从吸收西方模式的意义上来讲，1873 年至 1874 年是一个非常重要的时期。换个角度看，也是世界历史的潮流被日本所接纳，并结合日本的条件实现本土化的时期。

---

1. 将武士的俸禄置换为公债的政策。——译者注

地税改革

1873年公布的地税改革，在内政上尤为重要。从明治初期开始，日本就考虑采用新的土地税，并涌现出诸多提议。然而关于地税改革的构想究竟从何而来，至今仍未得到充分的解释。虽然一般认为这一构想主要源自神田孝平的提议，但陆奥宗光的建议也不容忽视。陆奥在维新之后被任命为外国事务局御用挂，与伊藤博文和井上馨共事，1869年4月，在担任摄津县知事期间，他向新政府建议"制定全国统一的税法"，这一举动具有划时代的意义。他指出，"应改正自古以来丈量土地的弊病……根据地质的厚薄、肥瘠建立等级，并确定土地税法。……一旦税法确定，则不论田地，皆应征收税金"。然而，这个提议在当时来看是超前的，并没有被政府采纳。同样在1869年4月，神田孝平向政府提交名为《田地买卖许可之议》的议案。他提议允许买卖田地，为每块土地颁发地券（不动产凭证），按地券价格分配地税。翌年6月，他提交了更为具体的《地税改革建议》，然而在当时也没有被政府采纳。那么神田的构想又从何而来呢？据悉，他曾研习兰学，在幕府的蕃书调所担任教授，精通洋学，后来也是明六社[1]的成员，我们猜想可能是这方面的经验启发了他。总之，无论是陆奥的建议还是神田的建议，都没有被政府采纳。1871年7月推行废藩置县后，地税改革迫在眉睫。在这种情况下，时任神奈川县令的陆奥在1870年9月至次年5月出访欧美，于1872年4月提交了《地税改革建议方案》。陆奥在该方案中提出，应该一改以往的地税，"根据目前土地的实际价

---

1. 成立于明治六年（1873年）的启蒙思想团体，发起者是森有礼，成员有福泽谕吉、中村正直、加藤弘之、西周、津田真道、西村茂树、神田孝平、箕作麟祥等人。

值，每年定期按比例征税"。这一次，政府采纳了陆奥的建议。1872年6月，陆奥除了担任神奈川县令外，还被任命为大藏省租税头。

地税改革的细节在这里就不赘述了，总之神田和陆奥都是熟悉欧洲情况的人物，他们将欧美的经验进行修改使其符合日本国情，从而提出地税改革，让这一时代世界历史的潮流在日本完成本土化。19世纪上半叶，欧洲的英国、荷兰、法国、比利时、奥地利等国都开始征收土地税，承认生产者和农民的土地私有权，并对在土地上进行的生产活动所产生的收益进行征税。这种制度不仅在英国国内盛行，并且与英国在印度实行的莱特瓦尔制相通，据说针对后者，明治政府"也通过某些途径获取了相关知识"。

就这样，世界历史的潮流通过陆奥等人的努力渗透到日本。地税改革的核心在于以日本自身的原理为基础，而非基于欧洲国家关于外部条件的"提醒"。后来宪法的制定也是如此。

欧洲的经验教训——岩仓使节团的学习成果

此前被派往欧美的岩仓使节团于1873年9月返回日本。虽然其成果报告书——由久米邦武编写的《特命全权大使美欧回览实记》（以下简称《实记》）是在数年之后的1878年完成的，但是使节团未待报告书完成，而是在回国后就立即将所学知识加以运用。

《实记》认为美、英、法是大国，日本无法学习和借鉴它们的经验，因此对比利时、荷兰、丹麦、瑞士、捷克和匈牙利等小国非常关注。书中评价：欧洲小国领土虽小，但在大国中间享有完全的"自主权利"，"商业实力"甚至超过大国。德国力图追赶三大强国，热衷于

"土地权利"和"同族繁衍",因此封建"割据"严重,但政治上仍有很多值得学习的地方。现将使节团所学到的经验教训总结如下:

第一,当今欧洲文明开化、人民富强的根本在于"国民的营业能力"亦即"生产力"和"民主"的力量(共和之治);

第二,使节团从"独立"和"自由"的角度看待欧美各国,批判俄国、奥地利等国的贵族政治,称赞议会制。提到"由人民公选议员,执立法之权"是欧洲的普遍做法,这是与中国和日本最为不同之处。由此弄清了必须改变幕末以来通过俄国看欧洲的模式,并加强了对德国及其他国家的关注。

第三,深感"宪法"作为促进发展的政治方案具有重大意义。认识到与东方的德治不同,欧洲政治是为保护利益而进行的权力政治,独立个体谋求自身利益的"和平战争"即竞争便是欧洲文明的精髓。而欧洲各国为保护这种竞争,培养自主能力,"约定"了国家的"政体法规"(宪法)。

第四,使节团将"进步"的意识带回了日本。"先知传后知,先觉觉后觉,以渐进,名为进步"。由此来看,他们认为应通过渐进主义而不是革命来实现开化。

以上便是使节团从这一时期欧洲民族国家的实际情况中学到的经验教训。

《实记》中表达的不仅是久米的看法,也是岩仓、木户、大久保等人的共同看法。其中的欧美观也不仅只是使节团几名代表的观点,更是 100 多名随行人员和留学生的观点,并且在政府和民间各个领域广泛传播。通过这种形式，这一时期与"民族国家"相关的世界史潮流逐渐渗入日本。

出访欧美的使节团在归国后提出了"渐进主义""内政优先"以及批判"征韩论"的政治观点，但使节团吸取的最大政治教训是，一个优秀的国家必须有自己的"宪法"。

对宪法、自由、民权的学习

1873年10月，在使节团归国后的内阁会议上，支持"征韩论"的西乡隆盛一派被击溃。提倡征韩论是为了消除旧士族阶层因欧洲式新国家的发展而累积的不满。对此，丰富了世界见闻的岩仓、大久保、木户等人提出"渐进主义""内政优先"，警惕军事集团的过度壮大，并以为时尚早为由击败了征韩论一派。该事件被称为"明治六年政变"，导致西乡、副岛种臣、后藤象二郎、板垣退助等人辞职下野。

使节团的木户、大久保在归国后立即参照欧美模式开始构想国家制度。在欧美期间，木户单独对各国的"政体书"进行了考察，于1873年10月上奏，提出以天皇和"政府有司"[1]的"独裁"而非"人民的会议"为"政规"（宪法）。大久保在考察欧美的政体之后，于1873年11月总结了意见书，虽然与木户一样旨在建立政治规则，但他提倡的是"君民共治"，在提倡君主制的同时也提倡民权，目的是实现"优质开明的立宪主义"；该意见书在很大程度上参照了普鲁士的宪政体制。在这样的背景下，明治宪法诞生了。

---

1. 即政府官吏。

1875年4月，天皇下诏，宣布设立元老院作为立法机关、大审院作为司法机关，召开地方官会议，建立"立宪政体"。由此，日本终于正式宣布制定宪法，开设议会。根据青山忠正的说法，该议会虽然不是以选举制为基础，但模仿了上下两院制的形式。

　　据说，日本的"宪法"一词最早被用于表示根本法、基本法和基础法，是在1873年出版的村上正明所译的《合众国宪法》《英国宪法》和箕作麟祥译的《法兰西法律书·宪法》中，被日本政府官方使用的时间要晚一些。岩仓使节团的木户和大久保归国后曾使用"政规"一词，之后从1876年前后开始使用"国宪"一词。"宪法"一词成为固定的官方用语，则是在1880年前后。

　　从自由主义"潮流"的"本土化"来看，这也是一个非常重要的时期。1874年（明治七年）4月出版并于次年11月停刊的《明六杂志》虽然发行时间很短，但在将欧洲自由主义传播到日本方面发挥了重要作用，由西周、西村茂树、森有礼、福泽谕吉、箕作麟祥、神田孝平、中村正直等精通欧美思想文化的一线知识分子为其撰稿。杂志还介绍了斯迈尔斯[1]、J.S.密尔[2]、孟德斯鸠、卢梭、基佐[3]、巴克尔[4]等人的理论，传达了自由、独立、税收、议会等概念的意义。

　　箕作麟祥摘选孟德斯鸠《论法的精神》中的一部分，译为《论人

---

1. 塞缪尔·斯迈尔斯（Samuel Smiles, 1812—1904），英国19世纪著名道德学家、作家、社会改革家。
2. 约翰·斯图尔特·穆勒（John Stuart Mill, 1806—1873），亦称"密尔"，英国哲学家、经济学家、逻辑学家。
3. 弗朗索瓦·皮埃尔·纪尧姆·基佐（François Pierre Guillaume Guizot, 1787—1874），法国首相（1847—1848），历史学家。
4. 亨利·托马斯·巴克尔（Henry Thomas Buckle, 1821—1862），英国历史学家。

民自由与土地与气候的相互关系》，刊登在《明六杂志》（第四号、第五号）上，介绍了欧洲人民的"自由"。他还发表了巴克尔《英国文明史》的部分译文，阐述"欧洲国家开化的进步"不是依靠政府的智慧，而是依靠"该国人民的众论"。在《Liberty："自由"之论》（第九号、第十四号）中，他还引用了中村正直对密尔《论自由》的翻译——《自由之理》（1872年），追溯了liberty一词的原始含义及其历史，阐述了在欧洲，"人民一旦获得自由，长期享有自由，即使恢复君主专制制度，也再难受益""因此各国设置议院，委以人民代表立法之权，……足以证明君主之权逐渐衰弱，而人民自由之权趋于兴盛"。箕作麟祥于1871年开始出版的《万国新史》的主题之一，便是"人民的自由"。虽然箕作麟祥刊登在《明六杂志》上的译论被认为是"极其激进的论述"，但正是通过这样的杂志，世界历史潮流开始渗入日本。

从世界史的角度来看，明治维新体制是"维新革命"之后，在既没有选举也没有制宪议会的情况下形成的。因这些要素是"民族国家"不可缺少的，所以必然会出现引进世界潮流，提倡建立选举制度和制宪议会的动向。1874年1月的《民选议院设立建白书》（下文简称《建白书》）对后来的自由民权运动产生了很大影响。从英国留学归来的古泽迂郎（古泽滋）作为中心人物，与同样从英国归来的小室信夫共同起草了《建白书》。古泽于1870年赴英国留学，主修经济学。《建白书》批判了有司专制，主张为扩大"天下公议"而设立"民选议院"（也就是国会），纳税者拥有参与政策决定的权利（即租税协议权）。其内容都采用欧洲模式，被称为以"开明"为目的的"天下通论"。安丸良夫曾说,民选议院的构想是"带有文明史必然性的新政治理念"。

1874年板垣退助创立"立志社",发表《立志社设立旨趣书》(以下简称《旨趣书》),进一步体现了欧洲的政治思想。可以说,这份《旨趣书》成功地将19世纪的民主主义潮流注入了日本的土壤。《旨趣书》主张欧洲广泛提倡的人民平等和人民享有不可侵犯的权利。人民没有贵贱尊卑之分,都享有一定的权利,是不羁独立的人民。为了"保有"这些权利,人民必须"勤勉"。人民必须"先自治",也就是说,必须成为自立的人民,"如果过度依赖政府,即伤其自立之风,人民自立之风一旦受损,那么国家的精神也将随之萎靡"。最重要的是,板垣认识到"欧美人雄视宇内,而中国、印度等地人民无法与之匹敌"的原因正在于此。基于这一认识,《旨趣书》提出:"吾辈……宜先自修自治,而后拥有人权,成为独立自主的民族,如此方能与欧美各国之自由民族相提并论。"并指出,欧美人民通过结合成团体,取得了"文明开化"的果实。就这样,立志社于1875年组织成立。

伴随世界史潮流在日本通过政权派和民权派本土化,一个新的"民族国家"正在形成。这是一场"民族国家"之间的世界性"联动"。

东亚的巴尔干化——《江华条约》

欧洲模式被整合进日本国内体制的同时,也被纳入了东亚国际关系。在此背景下,日本的动向导致东亚进一步巴尔干化。如江口朴郎所说:"1870年,当时日本、中国和埃及的国际地位并没有后来那么大的差距。……但对东亚而言，一个不幸的事实是，若此时中国和日本有意走近代化路线，那就只能向弱小邻国施加压力。"1870 年代，东亚的国际关系从以中国为中心的宗藩关系向欧洲式国际关系转变，正因如此，日本才有了可乘之机。

日本首先着手处理的便是与清朝的关系。在与中国谈判之后，于 1871 年签署了《中日修好条规》（附通商章程）。这是中国近代史上第一个建交条约，是两个被西方国家强迫签订不平等条约的国家之间的平等条约。该条约规定中日两国互不侵犯，相互派驻外交使节和领事，相互承认有限的领事裁判权，没有治外法权和协定关税等规定。此外，该条约并没有导致清朝宗藩体制的瓦解，因为清朝试图同时维持条约关系和宗藩关系。

与此同时，日本为统治中日"两属"的琉球，于 1872 年设立琉球藩，向清朝宣示对琉球的占领，理由是"言文"相同，而且琉球历代都是萨摩藩的"附庸"。这正是欧洲式逻辑。1875 年，日本又任命了"琉球处分官"，与琉球王国协商将琉球并入日本一事，遭到琉球的强烈反对和清朝的抗议。然而，最终日本还是于 1879 年以武力强行设立了冲绳县。这便是"琉球处分"中最重要的举措——废琉置县。当然，这并没有得到清朝的认可，还引发了琉球人的反抗运动，清朝也被卷入其中。直到中日甲午战争之后，琉球问题才得到解决。1875 年，日本还作出了一个重要决定，即强迫琉球停止向清朝进贡。就这样，"日本在东亚地区对外出兵，将以清朝为中心的中华世界华夷秩序，包括边界划分在内，重组为欧洲模式的外交体系"。

1876 年，日本宣布对小笠原群岛的主权，由此排除了英国的影响力，明确了南部的领土。同时期，俄国进一步向东扩张。1875年5月，日本与俄国签订了《桦太千岛交换条约》，承认桦太（库页岛）是俄国领土，千岛群岛包括乌鲁普以北全部属于日本，明确了俄国的远东领地和日本在北方的领土。通过这种方式，日本确定了南北领土的范围，建立了近代主权国家"日本"的框架。

在东亚国家关系的重组中，朝鲜成为备受关注的对象。经过日本的"开国"和"维新"之后，国际上对朝鲜的发展道路十分关注，清朝、法国和美国都表现出强烈的兴趣。此时，大院君正在大力推行尊王攘夷政策，于1866年对天主教展开大规模镇压。同年7月，法国以本国神父遭杀害为由，派遣舰队入侵朝鲜，于9月攻占江华岛。战争很快宣告结束。此后，法国被卷入普法战争，美国乘机取代法国，对朝鲜发起进攻。1871年，在美国商船溯大同江而上寻求通商后不久，美国舰队占领了江华岛，但最终因朝鲜的抵抗而撤退。这时，日本乘机发起对朝鲜的侵略。

自1860年开始，坚持攘除"洋夷"的锁国攘夷论成为朝鲜的主流思想，但朝鲜在因"书契问题"拒绝接收明治新政府通告政权更迭的国书之后，也开始重新定位与日本的关系。"和洋一体"的观点在朝鲜传开，朝鲜对明治维新后的文明化产生了不信任感。在日本，尽管征韩论在1873年已经平息，但欲将朝鲜纳入本国势力范围的行动却从未停止。与此同时，对攘夷充满信心的大院君在1873年被闵妃一族推翻，国王高宗开始亲政，闵氏一族掌握实权，朝鲜开始积极实施开国政策。日本借机向朝鲜提出了开国的要求。1875年，日朝谈判开始，日本见毫无进展，于是派军舰炮击江华岛，并取得军事胜利，于次年

2月迫使朝鲜签订了《日朝修好条规》(《江华条约》)。日本先于欧美各国打开了朝鲜的国门。在谈判中，日本使用了与美国让日本开国时相同的条款，如救助遇难船只，提供燃料、淡水等。该条约宣布朝鲜为"自主之邦"，并开放釜山等港口，设置居留地，免征关税，承认治外法权和日本货币使用权等。被迫与欧美签订了不平等条约的日本，迫使朝鲜签订了一个更加不平等的条约，巩固了明治新政府在日本国内的统治地位。

日本试图将朝鲜从中国的宗藩体制中分离出来，并与其建立了主权国家之间的条约关系。然而，当时清朝与朝鲜之间仍维持着"属国自主"的宗藩关系，朝鲜并没有完全独立。尽管如此，日本还是使用了与欧美同样的逻辑，将不平等条约强加给朝鲜，引入"欧洲模式的通商条约体系"，并争得了列强的认可。

就这样，日本以朝鲜、琉球等地为踏板，建立了一个以本国为中心的东亚新体系。换言之，日本放弃了"与亚洲联合"的道路。这与前文所述的1820年代至1830年代的巴尔干化相似，是欧洲式权力政治在东亚的产物，也是这一时期的世界历史潮流，这股潮流通过日本在东亚实现了本土化。无论从日本国内还是从国际关系方面来看，1875年都是欧洲模式移入日本的时期。从明治六年政变到1877年西南战争期间，日本政局动荡不安，以世界历史的标准来看，后面这场所谓的"内战"被外国干涉是不足为奇的。然而，不管是西南战争还是江华岛事件，却都没有受到列强的干涉，这是因为同时期列强更关注南亚和东南亚，对东亚的兴趣相对减弱。

随着南亚和东南亚的局势暂缓，紧张局势向奥斯曼帝国转移，之后发生的世界历史事件为日本创造了一个更加有利的国际环境。1875年,巴尔干半岛的黑塞哥维那爆发奥斯曼帝国民众起义,正是该事件导致欧洲局势紧张,缓和了南亚和东南亚的局势,使东亚局势更加"平稳"。

俄土战争与柏林条约体系
——紧张局势向中亚和非洲转移

俄土战争与"柏林条约体系"的建立

1875 年 6 月,巴尔干半岛的黑塞哥维那爆发反抗奥斯曼帝国统治的民众起义,并将列强卷入其中,成为新一轮动荡的焦点。该起义以基督徒和穆斯林在一个小村庄发生冲突为起因,发展为大规模农民起义,很快蔓延至邻近的波斯尼亚,甚至波及整个巴尔干地区。邻国塞尔维亚支援起义,并于 1876 年 6 月与门的内哥罗一起对奥斯曼帝国宣战。保加利亚也于 1876 年 4 月计划发动反对奥斯曼帝国的起义,希腊的塞萨洛尼基也爆发了居民的叛乱。高桑驹吉的《最新世界历史》(1910 年)出版于明治末年,在"俄国与巴尔干"和"俄国的东扩、清俄关系、英俄冲突"等章节中,与箕作的《万国新史》一样,详细讲述了连接西方和亚洲的地区的历史。

巴尔干问题引起了列强的密切关注。作为东正教的捍卫者,俄国不可能坐视不理。英国在 1874 年出任首相的迪斯雷利的领导下,于 1875 年收购了苏伊士运河的股份,也加强了对巴尔干的关注。在这种情况下,德国的俾斯麦认为,即使以牺牲奥斯曼帝国为代价也要维持欧洲的"势力均衡",在 1875 年 11 月提出了"领土保障政策":唆使奥匈帝国占领波斯尼亚和黑塞哥维那,俄国占领保加利亚,英国占领埃及。曾宣称"不值得为东方问题牺牲任何一个波美拉尼亚步兵的血肉之躯"的俾斯麦认为，制造一个英国、俄国和奥匈帝国在包括巴尔干半岛、黑海和东地中海在内的"东方"相互对抗的局面，将有利于德国。

担心列强干涉的奥斯曼帝国于 1876 年 12 月明确规定了苏丹的权限，承认伊斯兰教以外宗教的自由及所有帝国臣民一律平等，还颁布了规定设立两院制议会和地方自治的《米德哈特宪法》，以维护帝国统治并进一步实现近代化。

尽管奥斯曼帝国做出了上述努力，俄国还是受俾斯麦的鼓动，开始实施具体干预，以保护奥斯曼帝国内的正教徒为借口对其宣战。俄土战争始于 1877 年 4 月，最终以俄国的胜利结束（山泽静吾以观战武官的身份加入俄军）。1878 年 3 月签订的《圣斯特法诺和约》通过约定建立包含马其顿的"大保加利亚公国"，为俄国进入地中海创造了有利条件，遭到英国和奥地利的强烈反对。

奥英两国坚决反对《圣斯特法诺和约》，俾斯麦从中调解，召开了柏林会议。1878 年 7 月缔结的《柏林条约》将"大保加利亚"一分为三（保加利亚公国、东鲁米利亚和马其顿），承认了塞尔维亚、黑山、罗马尼亚的独立以及保加利亚的自治，俄国的利益得到了最低限度的认可。奥匈帝国获得波斯尼亚和黑塞哥维那的行政权。英国通过单独的条约租借了塞浦路斯岛，与取得高加索地区领地的俄国保持平衡。在会议上，俾斯麦否认了本国夺占领地的企图，而是有目的地推行用奥斯曼帝国的牺牲保障俄国和奥匈帝国的领土，以及允许英国进入埃及的政策。与此同时，奥斯曼帝国苏丹以战败为由，已于 1878 年 2 月停止实施西欧式《米德哈特宪法》，继续实行专制。

此后，俾斯麦于1879年缔结德奥同盟，1881年重新缔结德奥俄三皇同盟，1882年缔结德奥意三国同盟，并为了维持英德关系同意英国进军埃及。德国通过这些同盟关系孤立了法国，欧洲的紧张局势暂时告一段落。这便是所谓的"柏林条约体系"。

对世界其他地区而言，柏林条约体系的建立意味着政治局势的紧张。柏林会议之后，俾斯麦继续否认德国自身的殖民行动，并采取鼓动英法俄进行殖民扩张的政策。受此影响，世界紧张局势向中亚和非洲转移，这两个地区成了列强维持势力均衡的牺牲品。

早在1875年11月，俾斯麦就发表声明支持英国首相迪斯雷利在印度推行帝国政策，并提到希望英国能保证一条从英国出发经地中海和红海到达印度的航线，这样一来，俄国在中亚的扩张对英国来说就不足为患，还将促进"英俄之间亲密友好关系的建立"。他实际上希望的是英俄在中亚的冲突不要结束。至于非洲的局势，据称俾斯麦曾在柏林会议期间的非正式谈判中暗示，他同意让法国统治突尼斯，让英国占领埃及。在这种斡旋之下，欧洲的紧张局势开始向外转移。

英俄大博弈的展开

在中亚，由于俄土战争结束后德国的介入，"大博弈"在1874年至1885年间进入高潮。

俾斯麦虽然对外宣称对列强在巴尔干和中东的对立即"东方问题"不感兴趣，但实际上德国资本对海外市场并非无动于衷，而是在稳步进入中东地区。柏林会议后，德意志银行和电机工业的西门子资本一边与法国竞争，一边进入巴尔干地区的基础设施和铁路建设市场。此外，为了重建奥斯曼帝国的财政，基于柏林会议上的讨论，"奥斯曼债务管理委员会"于 1881 年成立，除英法等国以外，德国也加入投资行列。1880 年代，德国通过向奥斯曼帝国派遣军事顾问等方式对其施加影响。从奥斯曼帝国的角度看，德国的接近也是一种牵制英法俄的途径。1888 年，维也纳和伊斯坦布尔之间的东方铁路开通后，德国在德意志银行等机构的支持下，获得了连接伊斯坦布尔、安卡拉和科尼亚的安纳托利亚铁路的铺设权。德国在中东的扩张最终将影响英俄之间的大博弈。

阿富汗问题是这个阶段大博弈的焦点之一。俄土战争刚一结束，俄国便出现了要经伊朗和阿富汗入侵印度的声音，但直到 1878 年春天，俄国军队才正式集结到喀布尔。俄国的一部分势力想将伊朗和阿富汗变成布哈拉一样的保护国，甚至入侵印度。然而，俄土战争导致俄国经济疲软、后勤保障困难，加上穆斯林的反对等因素，"入侵印度"计划以失败告终。英国却提高了警惕，在俄土战争结束后，于 1878 年 11 月发动了第二次入侵阿富汗的战争。双方于 1879 年 5 月签订《甘达马克条约》，此时英国只获得了阿富汗的外交权。但是英国最终消除了阿富汗的抵抗，于 1881 年成功将阿富汗纳为保护国。

大博弈的下一个焦点是伊犁问题。俄土战争爆发后，俄国被迫撤出伊犁。1877 年，清朝收复了被侵占的国土。然而，俄土战争结束之后，俄国再次进军伊犁地区。到 1880 年，清俄之间的军事冲突一触即发。由于亚历山大二世遇刺和英国施加的压力，俄国最终于 1881 年与清朝签订了《伊犁条约》，并重新勘定了中俄边界。俄国的扩张对英国和清朝都构成了威胁，尤其清朝方面担心俄国会进一步入侵东亚地区，向朝鲜扩张。

列强向非洲扩张

　　柏林会议之后，柏林条约体系下的"欧洲协调"开启了列强在非洲的侵略扩张，使非洲的局势急剧变化。俾斯麦对英法殖民扩张的支持也促成了这一局面。

　　在1860年代之前，英法两国对非洲殖民地并不热衷。虽然法国在侵入印度支那后，于拿破仑三世时期在塞内加尔建立了据点，但直到1860年代，法国在西非的扩张一直处于停滞状态。因为在普法战争中战败并失去阿尔萨斯-洛林，所以从1870年代末到1880年代初，为恢复帝国的荣耀，法国的外交政策重点才变成了在非洲大陆建立殖民地。1870年代，法国试图从塞内加尔向尼日尔河上游地区扩张，并在中间修建一条铁路，与占领黄金海岸[1]的英国争夺冈比亚。1880年，积极的领土扩张主义者茹费理出任法国总理，法国继续向北非扩张，于1881年将突尼斯纳为保护国，1883年与英国争夺东非的马达加斯加岛，试图将梅里纳王国纳为保护国，建立通往印度支那的据点。俾斯麦则对法国向北非和马达加斯加扩张的政策表示积极支持。

　　已经在印度和南非殖民的英国，与濒临印度洋的东非之间有着紧密的利害关系。然而，直到1860年代，英国在开拓非洲殖民地方

---

1. 今加纳。

面并没取得太大进展。不过，英国于 1874 年从荷兰手中接管了黄金海岸，并从塞拉利昂扩张至尼日尔河下游，在西非与法国形成对峙。另外，英国在 1875 年收购了苏伊士运河的股份，逐渐加强对东非的关注。与此同时，俾斯麦一直在催促英国向埃及扩张。1878 年的柏林会议上，英国通过与奥斯曼帝国签订独立条约获得了塞浦路斯的租借权，保证了通往埃及和印度的路线。1880 年组织的第二届格莱斯顿内阁虽然对帝国主义政策持批判态度，却视埃及为例外。

1867 年，奥斯曼帝国赋予埃及内政自治权，穆罕默德·阿里的继任者利用苏伊士运河的建设，在加深与英法的从属关系的同时，逐步推进近代化。1881 年，阿拉比帕夏发动武装起义（阿拉比革命），力图建立制宪议会，实现全国人民平等，排除外国干涉。次年，英国以武力镇压革命并占领了埃及。（日本自明治时代以来一直非常关注阿拉比，详情可参见东海散士的《佳人之奇遇》第九卷）在与埃及相邻的苏丹，新的局势正在萌芽。1881 年，在反对埃及税制和宗教统治的苏丹人民中，一个叫穆罕默德·艾哈迈德的人自称"马赫迪"（被神引导的人），高举伊斯兰改革的旗帜，召集民众，于 1883 年之后开始武装对抗埃及和英国军队。

除英法之外，此时向非洲扩张的还有比利时。葡萄牙一直控制着刚果河沿岸地区，比利时则侵入河口地区，于 1879 年成立刚果国际协会，比利时国王欲将此地占为私有领地。1882 年，葡萄牙宣布对刚果河口的统治权。虽然葡萄牙得到了英国的支持，但法国和德国都站在比利时一边。柏林西非会议（1884—1885）就是在这样的背景下举行的。

1878年之后,在柏林条约体系下,列强进军非洲,在争夺利益的同时引发了非洲人民的反抗斗争。非洲成为这一时期世界史中紧张局势的焦点。

朝鲜开国与日本的亚洲主义

朝鲜开国——日本的立场

受俄土战争后中亚和非洲的紧张局势影响,从1875年到1880年代初,东亚一直处于全球紧张局势的边缘地带。在这样的环境下,明治时期的日本在与朝鲜、中国的互相关联中逐步建立了国内外新体系。对外,日本搬用欧洲的国际关系模式,并推动了东亚的巴尔干化。

江华岛事件之后,以俄国为首的列强向朝鲜施压,要求其开国。虽然朝鲜仍与清朝保持宗藩关系,视清朝为宗主国,但遵循"属国自主"的原则,在内政外交上享有自主权。一直以来,朝鲜以宗藩关系为挡箭牌,拒绝了其他国家提出的开国要求,现在却无法在"属国自主"的原则上继续拒绝开国。终于,1882年5月,在清朝官员李鸿章的主导下,朝鲜与美国签订了《朝美修好通商条约》(又称《薛斐尔条约》),随后又分别与英国、德国签订条约。

宗主国中国表示,朝鲜应"与中国修好,与日本联合,与美国合作,以谋求自强"。既然维持闭关锁国已无可能,那么则更应依附中国,维持与日本的条约关系,并与似乎无意扩张领土的美国合作。"朝鲜要想抵御俄国的侵略,避免英国、法国、德国、意大利的干涉,就必须尽快与美国合作。"基于这种认识,中国促成了朝鲜与美国之间的条约签订。

美国在南北战争结束之后不受欧洲列强干涉,政治经济快速发展,逐步进入所谓的"镀金时代"。美国在这个时期结束了向西部的扩张,也完成了对原住民土地的圈占,同时接收了欧洲移民,准备建立一个多民族国家。除了在1867年从俄国购买阿拉斯加外,美国并没有向海外扩张领土。

朝鲜接受了开国条约,尝试通过奉行事大主义来应对外部压力,同时不断壮大希望通过引入西方文明来实现富国自强的开化派势力。然而,1882年7月,就在朝鲜即将开国之际,壬午兵变爆发。最初,这只是一场由米粮发放问题引发的军人暴动,已经下台的攘夷派大院君却乘机发动政变,推翻闵氏,夺回政权,不仅撕毁开国条约,甚至袭击了日本公使馆。日本出兵朝鲜后,闵氏等开国派请求宗主国出兵,最终清军镇压了壬午兵变,大院君下台,闵氏政权复活。这样一来,开国政策继续有效,但清朝开始以宗主国的名义在朝鲜驻军。日本绕开清朝,与朝鲜单独签订了《济物浦条约》,获得赔款和驻军权。两年后,俄国也与朝鲜签订了通商条约。壬午兵变成为清朝和日本介入朝鲜事务的契机。清朝害怕俄国入侵,希望其属国朝鲜实行"开化",于是铲除了保守派大院君,却招致日本的介入,推动了东亚的巴尔干化。

纵向亚洲主义和横向亚洲主义

针对东亚权力政治的发展,难道就没有联合反击对策吗?1880年前后,日本兴起自由民权运动。由于自由民权派基本上吸收了欧洲的"文明观",所以大多数人对中国、朝鲜持侮蔑态度。民权派《民权歌谣》体现的世界观是"亚细亚半开化""日本是亚细亚的灯塔"。福泽谕吉的《时事小言》（1881年）标志着福泽的巨大转变，他由此与启蒙主义（"天然民权论"）决裂，主张民权由国权来体现，提出"亚洲盟主论"，指出东方国家尤其是中国和朝鲜应在日本的指导下实现文明开化。在《时事新报》创刊号（1882年）中，他也曾发表一篇社论，表示强大而文明的日本应成为弱小而未开化的朝鲜之盟主，这才是与朝鲜的交往之道。民权派的许多主张基本都与此相同。日本民权派认为，日本必须帮助朝鲜脱离俄国和清朝的统治，毕竟朝鲜自身没有敢于独立的气概。

与之相对的，是民权派中的少数派。植木枝盛在《通俗无上政法论》（1880年）中提倡通过世界宪法和万国共议政府实现世界和平。马场辰猪在《外交论》（1880年）中提倡以人民和人民的"交往"为基础的国际关系。中江兆民在《论外交》（1882年）中批判道，凭借自己的"开化"侮辱他国不是"真正的开化"，主张道义外交。另外，主张"不可征韩"的基督教徒吉冈弘毅也批判了福泽谕吉有关"夺取中国土地"的发言，他说"这种不义不正的外交策略，绝不能为我国带来实际利益"。对于1879年的琉球处分，植木枝盛也在1881年作出批判，认为如果能让琉球独立，日本应先于西欧实践"国家同等论"，"向世界彰显正义"。但这些主张最终都没发展起来。

自由民权运动的主流并不包含联合亚洲人民的观点，而是带有蔑视亚洲的色彩。难道就没有其它力量可以阻止亚洲的巴尔干化吗？

在这一时期，谋求亚洲国家联合起来对抗欧洲列强入侵的"亚洲主义"登场了。兴亚会是提倡亚洲主义的第一个组织，成立于1880

年，组织成员的共同思想是，日本和中国以外的亚洲地区正在遭受西方列强的压迫，亚洲各国地理位置接近，且"同文同种"（文化共通、种族相同），应共同对抗西方，以求恢复独立，相互振兴。包括渡边洪基在内的领导集团认为日本、朝鲜、中国之间应该建立关税同盟，在共同经济利益的基础上形成政治联盟，以对抗西方。但他们也强调了日本的主导地位，期望形成以日本为盟主的"纵向关系"。

与1881年10月成立的自由党关系密切的团体，以末广铁肠为代表，曾构想日本在实现自由主义改革（藩阀专制政治改革、立宪制度、设立国会）之后，主导亚洲国家的合作，共同抵抗西方侵略。首要任务是改革日本的政治制度，然后通过亚洲民间志士的交流，在亚洲传播自由主义以及开化亚洲人民，联合亚洲国家，使亚洲能够独立于西方。然而，多数自由党人认为，相比朝鲜和中国的"未开化"，日本的"文明"更加先进，因此使亚洲文明化是日本的历史使命。兴亚会试图在未进行自由主义改革的专制政府之间谋求亚洲各国的联合，对此自由党虽然进行了批判，但两者的主张均属于"纵向亚洲主义"，都没有提出能够阻止巴尔干化的理论。

植木枝盛虽然加入了自由党，但他的亚洲主义最终发展成了国际主义。在亚洲各国必须谋求独立于欧洲国家，以及自由主义改革的必要性方面，植木的观点与自由党相同。但是，他提出了一个疑问：当除亚洲之外，欧洲国家还在非洲、澳洲和美洲扶植势力时，"亚细亚联盟"还能遏制"欧洲的暴乱"吗？他指出"亚细亚的联合，只单单巩固了亚细亚，还不足以救正世界乱势，平治宇内"，因此主张"设立万国共议政府（世界联邦政府），建立世界无上宪法（世界联邦宪法）"。

这是以欧洲为反面教材，设想"基于被压迫的亚洲的思想，构建一个由'同等国家'组成的世界"。虽然植木枝盛的目的是在"横向关系"中寻求联合，但他的观点是非常片面的。

东欧的经验

亚洲主义运动若要从欧洲方面借鉴经验，可以参考1860年代北欧和东欧出现的"联邦"和"联盟"。就东欧而言，1848年6月，布拉格斯拉夫人代表大会召开，讨论将帝国重建为一个"联邦国家"，以保障各斯拉夫民族在多民族的奥地利帝国中的平等地位，但这场会议被帝国军队打断了。后来，匈牙利的科苏特吸取1848年匈牙利革命不被国内各民族所理解的教训，于1862年发表了建立"多瑙河联邦"的构想，也就是将多瑙河流域的匈牙利、塞尔维亚、克罗地亚、罗马尼亚等国组成联邦，外交、军事事务共通，建立经济同盟，轮流设置议会和政府，利用多瑙河流域各民族的横向联合来对抗哈布斯堡王朝和俄国等大国势力。在1848年革命经验的指导下，1860年代出现了"巴尔干联邦"构想。1862年，在当时由匈牙利管辖的伏伊伏丁那，塞尔维亚人波利特-德桑契奇提出，要克服列强对巴尔干的统治，必须建立巴尔干联邦，由斯拉夫人、罗马尼亚人和希腊人组成国家联盟，斯拉夫人中的塞尔维亚人和保加利亚人组成联邦国家，赋予阿尔巴尼亚人、土耳其人和其他穆斯林民族自治权。当时的政界人士也支持类似想法，塞尔维亚国王顾问加拉沙宁等人就曾设想与希腊和罗马尼亚等国组成联邦。虽然这些主张最终没有实现，但它们都是以"横向联合"为目标。

与之相反，1867年在莫斯科召开的斯拉夫人代表大会在提倡斯拉夫民族团结的同时，更重视东正教、反西欧，并强调俄国的优势。与科苏特、德桑契奇和布拉格斯拉夫会议的方向不同，这场会议最终提出的是"泛斯拉夫主义"，支持俄国以保护巴尔干东正教斯拉夫人的名义向巴尔干地区扩张，也就是为所谓的"纵向联合"努力。

在权力政治中，东欧的这些构想注定受挫或被大国利用。欧洲1850至1860年代的历史现实告诉我们，要对抗冷酷的权力政治，只能更多地依靠民众运动，立足于工人运动、农民和各民族的运动。而亚洲直到1880年代也没能学习和运用这种世界史"潮流"。

日本的宪政之路——向世界学习宪法

此时日本国内正在不断学习世界其他国家的经验，以确立一个可以让列强接受修改条约的新体制。刑法的编纂工作始于1875年，在法国人布瓦索纳德的帮助下进行，于1880年完成。1879年和1880年，在留学欧美的森有礼的指导下制定的教育令也相继颁布。民法的制定却面临重重困境。编纂民法的工作也同样于1870年代在布瓦索纳德的指导下开始，1878年完成初稿，却因过于"外国化"而被政府否决，重新编纂的工作历经十余载，最终于1889年完成并于1890年颁布。然而，这部"旧民法"很快就引起了争议，最终未能实施。就这样，在法律制定方面，日本借鉴了欧洲的模式，引入世界史"潮流"，并开展了将其"本土化"的艰难工作。1880年开始的宪法起草工作，也同样侧重于如何将世界各国的宪法活用于日本。

1876年，元老院（1875年设立）在制定《日本国宪按》（第一次案）的过程中，参考了英国、法国、普鲁士、比利时、意大利等国的宪法译本，还制作了一份日本条文与外国宪法条文一一对照的文件。政府的宪法制定者们达成了一种共识，要制定一部"欧美各国认可的宪法"，并于1878年制定了宪法第二次案，于1880年制定了第三次案，在承认"万世一系的天皇"统治的前提下，实行两院制（元老院和代议院），没有引进议院内阁制。

加入自由民权运动的各个团体也积极开展了宪法起草工作。1880年春天，"国会期成同盟"成立，同年秋天，自由党成立。在此背景下，从1879年至1881年年底，民间私拟宪法草案超过75个。虽然这些草案也承认"万世一系的天皇"统治、两院制等制度，但实际上采用的是议院内阁制，与前面提到的元老院草案有很大不同。其中，与庆应义塾[1]相关联的交询社[2]提供了《私拟宪法案》，主张建立英式内阁制度。更加独特的是1881年植木枝盛起草的《东洋大日本国国宪案》，引进了联邦制，主张日本人民的自由权；虽承认"皇帝"为军事和行政之长，但将立法权归于人民，赋予女性参政权，并明确提出了反抗权和革命权；在英国议会制的基础上，还采用了法国《人权宣言》的要素。

宪法草案大量涌现，受此影响，1881年（明治十四年），政府内

---

1. 日本最早的私立大学，初名兰学塾，1858年福泽谕吉创办于江户（今东京），1868年改名庆应义塾。
2. 1880年由福泽谕吉、小幡笃次郎、马场辰猪、矢野文雄等庆应义塾相关人士设立的社交俱乐部，以交换知识和咨询世务为目的，发行《交询杂志》。

部有关宪法的讨论产生了巨大的政治分歧。大隈重信于同年3月提交的《大隈宪法意见书》充当了导火线。该意见书采纳了英国君主立宪制的大量内容，包括宪法制定、政党制、议院选举制、议院内阁制等。结果支持英式立宪制和议院内阁制的大隈重信等人，与主张普鲁士式钦定宪法和只对天皇负责的内阁制的井上毅、伊藤博文等人发生冲突。最终，大隈一派在1881年10月被击败，伊藤一派促成了萨摩、长州对权力的垄断。在这场"明治十四年政变"中，领导层围绕如何引进欧洲的政治思想和制度展开了激烈争论。政变之后的1882年至1883年，伊藤等人为学习普鲁士的法律和宪法，前往欧洲游学。

伊藤经柏林至维也纳，在那里接受了国家学家洛伦茨·冯·施泰因的指导。施泰因提出了将国家拟人化的"国家人格说"，认为国家由三个要素构成：一是君主，作为体现国家自我意识的机关；二是立法部门，作为形成国家意志的机关；三是行政部门，作为管理国家行为的机关。施泰因认为过度的民主主义就是容许议会的专横，应对此提高警惕；"君主不应该亲自介入任何国家行为"；最应该重视的是作为"独立体制"存在的行政部门。在学习了这些思想后，伊藤否决了日本自由民权派所依赖的英美法"过激论者"的主张，力图将施泰因的思想应用于日本。换言之，他认识到要使议会制度发挥作用，首先要培养"国民"，其次要搭建从外部支持议会制度的行政部门，循序渐进地将议会政治移入日本。

明治政府"首先攻击西园寺公望、中江兆民的法式民权派，然后将大隈、福泽的英式议会派逐出政府，最后使岩仓、伊藤、井上毅的普鲁士式君主派获得主导权"。换言之，日本政治是从多个欧洲政治模式中选择产生的，政府和民权派在构想国家组织和政治制度之时，都借鉴了欧洲政治模式。在国家组织的发展整顿期间，外务大臣井上馨的条约修改行动也有了进展，并在1884年前后取得了一定成果。

1878年柏林会议后，列强将注意力集中在中亚和非洲的紧张局势上，并未干预日本和清朝在东亚的行动。一方面，岩仓使节团及伊藤等重要政治家的出国研究得以顺利推进，世界史潮流能够进入日本，正是因为充分利用了当时的有利环境。另一方面，尽管处于这样的时期，亚洲主义所主张的东亚诸国的联合并没有实现，而是出现了强国以弱国为垫脚石的巴尔干化。中亚、非洲的紧张局势暂时平息后，全球的紧张局势又回到了欧洲。俾斯麦的新政策导致了英德关系的恶化。

从西非到中法战争
——紧张局势向亚洲转移

"先占权"与"有效统治":俾斯麦的新政策与柏林西非会议

1884年至1885年间,俾斯麦放弃原有政策,开始谋夺殖民地。在此之前,虽然德国人在国外比较活跃,但德国政府从未采取建立殖民地的行动。

一方面,在西南非洲,德国在1884年4月宣布将不来梅商人获得的安格拉佩克纳湾[1]一带划归德意志帝国保护,同年7月对多哥和喀麦隆也发布了同样的保护宣言。另一方面,德国从1884年起以桑给巴尔为据点进入东非,同年2月占领坦噶尼喀,1885年宣布设立德属东非。在太平洋,德国以1883年4月起德国人在英属斐济岛遭遇的土地所有权问题为由,于1885年5月将新几内亚岛的东北部和俾斯麦群岛划为保护领地。在此期间,1884年6月,俾斯麦在帝国议会发表了一次演说,宣布他依然反对代价高昂且容易引起国际冲突的殖民政策,但对德国臣民积极拓展的海外事业,帝国有必要给予保护,实际上转向推行殖民政策。

德国政策的变化无疑会导致德英关系的恶化,那么俾斯麦为何会在此时开始推行殖民政策呢?原因之一是为了反击英国格莱斯顿内阁

---

[1]. 今纳米比亚吕德里茨。

对德国的强硬态度。1881年以来，俾斯麦在埃及等问题上一直对英国示好，英国不仅视而不见，还采取了反德态度，因此德国的殖民政策是对英国的报复。还有一种说法是，俾斯麦为了防备格莱斯顿在中亚与俄和解，故意采取反英政策。另外，德国国内也存在通过向殖民地获得论者妥协来确保议会多数席位的可能。这一时期，关于获取殖民地的意义，德国国内议论纷纷，也指出了主张殖民的各种"压力集团"的力量，以及试图将国内问题转移到国外的"社会帝国主义"的力量。

不管具体原因是什么，总之俾斯麦为了对抗英国的海外统治，最终决定与法国联合。法国总理茹费理在德国的默许下开始推进对非洲的殖民。自普法战争以来一直相互对峙的德国和法国，在非洲问题上开始了合作，关注的焦点是埃及。1882年，埃及因阿拉比革命的镇压费和英军"占领费"而背负了大量债务，为了解决这个问题，1884年6月伦敦召开了国际会议。除英法外，德国、意大利、奥匈帝国、俄国、奥斯曼帝国也参加了这次会议，最后却没有通过任何决议。会议中德国支持法国，使英国实际上处于孤立状态。会议之后，德国和法国于8月就埃及债务和尼日尔河、刚果河自由通行等西非问题达成协议，并约定于同年11月在柏林召开国际会议，协商西非问题。德法试图在推行殖民政策的同时孤立英国，在谈判阶段便已经就"由拥有先占权的国家实施有效统治的原则"达成一致。这一点在后来的柏林西非会议上也得到了认可。

  1884年11月至次年2月，为解决西非问题（包含葡萄牙和比利时之间的刚果问题在内），柏林召开了国际会议。此次会议共有14个国家参与，包括伦敦会议的七个参会国以及比利时、丹麦、西班牙、美国、荷兰、葡萄牙和瑞典。会议上，除了承认刚果河流域归比利时国王所有外，《总议定书》还通过了以下原则：刚果盆地的通商自由；禁止奴隶贸易；刚果盆地地区保持中立；刚果河的航行自由；尼日尔河的航行自由；在非洲大陆沿岸占领土地，须"通告"其他签字国家，并在占领土地上建立保护各国"既得利益"的政权。最后一项原则后来被解释为"由拥有先占权的国家实施有效统治"。由此，列强达成了对西非乃至整个非洲，亦或是包含东亚在内的世界各地的殖民地进行任意分割和占领的协议。这对后来世界历史的发展产生了重要影响。此次会议否定了所谓的"非正式帝国"，使列强走上通过排他的领域控制（即分割）来建立"正式帝国"的道路。

在这次会议中，俾斯麦调整了单方面亲法的姿态，表示要修复与英国的关系。这将推动会议之后分割非洲的进程，但在会议召开的同时，亚洲爆发了中法战争。由于列强都将精力集中在国际会议上，无暇介入亚洲事务，再加上法德暂时交好，法国得以顺利进军亚洲。下面，我们将谈到在柏林西非会议期间爆发的中法战争及其影响。

中法战争：东南亚的紧张局势

德法在殖民政策上的暂时和解推动了法国向亚洲入侵，亚洲局势因此变得十分紧张。1884年后，在俾斯麦的支持下，法国加紧向印度支那扩张。1884年年初，俾斯麦为了牵制英国，曾表示希望法国人能在北圻和马达加斯加取得胜利。在1883—1885年的战争中，法国果真击败了马达加斯加的梅里纳王国，使其成为事实上的保护国。这样一来，就为入侵印度支那提供了便利。

法国已经在越南南部建立法属交趾支那，此时正在开辟一条从越南北上通往中国的路线。通过1883年和1884年的两次《顺化条约》，法国控制了越南中部和北部。在此情形下，阮朝作为属国向清朝请求援助，清朝作为宗主国在越南北部驻军，与当地的私人军团黑旗军一同对抗法国。1884年8月，中法战争全面爆发。

此时的清朝已经开展了二十年的洋务运动，军队逐渐西化，海军也装备了从英国、美国和德国购入的新式舰艇。因此，这场战争对法军来说并不顺利，总体上有赢有输，甚至导致了1885年3月好战派总理茹费理的下台。战争蔓延至台湾和澎湖岛等地，不得不在非洲同时作战的法国一直没能取得决定性胜利，最终经过停战谈判，于1885年6月与清朝签订了和平友好通商条约（《中法新约》）。该条约规定清朝从越南北部撤军，虽然不包含割让领土和赔款等内容，但是清朝从此放弃了对越南的宗主权，默认越南为法国的保护国。考虑到国内影响，清朝并未在条约中体现放弃宗主权。清法之间签订的条约引发了越南国内的强烈抗议，次年7月开始，越南全国范围内的农村地区爆发大规模民众起义。

同一时期，法国向柬埔寨发动攻势，于1884年6月迫使柬埔寨移交行政权力，签署"1884年协约"[1]，这导致了1884年底至1887年初的大规模民众起义。起义最终被镇压，法国于1887年10月建立了由交趾支那（南圻）、东京（北圻）、安南（中圻）和柬埔寨组成的法属

---

1. 第二次《法柬条约》。

印度支那联邦。

法国在亚洲的扩张与讨论西非问题的柏林会议是同时进行的。在这次会议上，法国必须为保住在西非的广阔殖民地而战，看似没有余力在东南亚开展军事行动，事实却恰恰相反，柏林会议的"协调"、国内的强烈要求和俾斯麦的侧面支持反而给法国扩张创造了机会。尽管如此，法国还是陷入了苦战。英国因为担心与法国正面冲突，所以保持了中立。

这场中法战争对东亚局势产生了深远的影响。战争期间，在朝鲜的清朝军队被调往越南，兵力减弱。对稳健开化派的闵氏一族给予支持的清朝陷入中法战争，1884年10月，趁汉城内清军兵力减少，激进开化派的金玉均等人在日军支援下发动了政变，史称"甲申政变"。日本试图在俄国出兵之前向朝鲜改革派施以援助，将朝鲜变成一个亲日国家。然而，由于袁世凯率清朝军队介入，政变失败，日军撤退。虽然部分自由党人和福泽谕吉等人支持金玉均，主张与法国一起对抗清朝，但是日本政府无意参战，而是与朝鲜签订了《汉城条约》（1885年1月），与清朝签订了《天津会议专条》（同年4月）。虽然事态平息后中日两国都从朝鲜撤兵，但《天津会议专条》规定再次出兵时应"事先通告"对方，为后来的甲午战争埋下了伏笔。

日本并没有通过东亚各国的联合来对抗西方列强的入侵，而是选择成为列强中的一员，走上了向其他亚洲国家进军的道路。日本见清朝在中法战争中失利，想借此机会消除中朝宗藩关系的影响，推行朝鲜政略。从这个角度来看，这个时期是东亚国家关系的一个转折期。根据永井秀夫的看法，1880年代是日本立宪的时期，中法战争是国际环境的转折点,这种转变对日本国内政治产生了影响。

"纵向亚洲主义"与"脱亚论"

中法战争和朝鲜甲申政变的失败对日本的世界观产生了重要影响。1885 年,"明治时期的一位政治青年"樽井藤吉撰写了《大东合邦论》(以汉文书写,于 1893 年出版)。他提议日本与朝鲜应平等合并,以解决两国争端,共同抵御列强侵略。樽井并无"洋学素养",据说这是他的创见,但书中可见他广阔的视野,除瑞士和不列颠之外,还列举了"现在"的挪威和匈牙利等国的例子。总之,他的对等合邦论是亚洲主义的一个极端。与之比较接近的是玄洋社的亚洲主义。1881 年,与板垣退助和自由民权运动有交集的头山满等人创立了玄洋社。甲申政变后,该组织从民权立场转变为国权立场,积极鼓吹亚洲主义,策划支持金玉均的政变,后来还与东学党合作。这是一种以实现具体的联合为目标的亚洲主义。另外还有大井宪太郎等自由党左派的亚洲主义,主张日本民权派协助朝鲜改革,建立"独立朝鲜",并与"改革日本"联手对抗中俄。大井等人计划协助金玉均等朝鲜开化党人推翻朝鲜政府,同时在日本与清朝之间制造紧张关系,然后依靠被中日矛盾激化的日本人民的爱国精神在国内发动革命。他们最终因事情败露而被捕,这就是 1885 年 11 月的大阪事件。对于普法战争失败时期法国总理甘必大的思想、后来的"共和政治"、支持美国独立革命的拉法耶特的思想,大井等人的见解非常独到,但是他们视朝鲜为一个弱小国家,则属于纵向亚洲主义。一方面,对拉法耶特,当然还有甘必大，箕作麟祥都在《万国新史》中有过介绍，他们的思想与横向联合的关系并不大。另一方面，许多自由党人传统的小国主义外交论转变为国权扩张论，换言之，转变为一种纵向的亚洲主义："先进的日本在西方列强入侵亚洲（朝鲜、中国）之前，支援落后（未开化）的亚洲进行改革，谋求亚洲的文明开化与崛起。"由此，自由党的亚洲主义开始带有支持日本在亚洲扩张的色彩。

接下来，更加现实的亚洲观登场了。1885年3月问世的"脱亚论"就是一个典型的例子。不论脱亚论是否出自福泽谕吉，它都成了当时日本民权派的大势所趋，其中提到："与其犹豫不决，坐待邻国开明以共兴东亚，不如脱其行伍，而与西洋文明国家共进退。于支那朝鲜之态度，不必因邻国之故而予以特别理会，且以西洋之道，待之可也……亲恶友者共其恶名，务必矢志谢绝亚细亚之东方恶友。"根据广田昌希的说法，"从壬午兵变到甲申政变，民权派的转变过程说明大多数人已倒向福泽谕吉的脱亚论一方"。中江兆民和吉冈弘毅等人虽然对脱亚论提出了批判，但并没有起到任何实际作用。崇尚西方文明的民权派基本上摒弃了横向亚洲主义，走上了"蔑视亚洲"的道路。

有关该脱亚论的国际背景，广田提到，除了甲申政变中朝鲜开化派的失败之外，"清朝在中法战争中的失败也成了日本对亚洲开化感到绝望从而转向蔑视亚洲的契机"。脱亚论主张的是，日本必须与落后的中国和朝鲜分道扬镳，也就是说即使与两国决裂，也必须要走上欧洲式的开化道路。应"按西洋人对待此类国家之办法对待之"，日本将这种欧美式的想法带入了亚洲，促进了东亚的巴尔干化。这也是这个时代世界史的"潮流"。

中法战争后,中日(俄)在朝鲜问题上的纷争完全没有受到其他列强的干涉,这是因为当时后者正面临更重要的问题,那就是非洲问题。

非洲大起义与亚洲
——紧张局势向非洲转移

俾斯麦最后的"势力均衡"

1885年2月,柏林西非会议闭幕,中法战争结束后不久,巴尔干地区又出现了新一轮动荡。1885年9月,在奥斯曼帝国的东鲁米利亚省,争取保加利亚统一的武装起义爆发。保加利亚公国宣布与东鲁米利亚合并,引发了与反对合并的塞尔维亚之间的战争,成为国际关系的新焦点。合并由保加利亚大公亚历山大一世领导,虽然他是俄国皇后的侄子,但保加利亚与俄国的关系正在恶化。英国支持合并,俄国却不支持。1886年,亲俄派发动政变,亚历山大被迫退位流亡。1887年,亲奥的斐迪南即位,遭到俄国的反对。由此,英国、俄国和奥地利都介入了保加利亚问题,其中俄国和奥地利之间的冲突具有决定性意义。此次保加利亚危机导致俾斯麦主导的三皇同盟解体,俾斯麦所推行的政策面临崩溃。此外,德国与法国的关系也在恶化。1885年,亲德的法国总理茹费理下台,次年反德强硬派布朗热出任陆军部长。1887年,一名法国税务官被指控为德国间谍,导致德法关系进一步恶化。因此,从1887年年初起,俾斯麦的外交目标恢复为对法国的孤立。

为对付俄法两国,俾斯麦于1887年2月推动英国和意大利签订了《地中海协定》,旨在维持包括黑海在内的地中海地区的现状,防止俄法向地中海扩张。很快，奥匈帝国和西班牙也加入协定，形成对法国的战略性包围。同样在 1887 年 2 月，三国同盟续订协约。同年 6 月俾斯麦又签署了《德俄再保险条约》，以防止法国与俄国接近。俾斯麦通过这种"势力均衡"政策，勉强成功地孤立了法国，并与英俄结盟。英德的"蜜月期"由此开始。

非洲大起义：瓜分非洲与抵抗运动

俾斯麦的外交勉强维持了欧洲的势力均衡，世界紧张局势终于正式转移到非洲。柏林西非会议后，随着德国加入瓜分非洲，列强之间的冲突日益突出。1885 年 4 月，比利时建立刚果自由邦，刚果被法国、葡萄牙和比利时瓜分。从此，列强开始全面瓜分非洲。英国在索尔兹伯里首相的带领下，考虑到德国的扩张势头，积极采取了行动。早在 1910 年，高桑驹吉的《最新世界历史》就已经准确地描述了这种瓜分。然而，在箕作的《万国新史》之后，非洲历史在明治时期的万国史中却被遗漏了。只有加入非洲历史部分，我们才能从全球的角度来讲述世界史。

在西非，法国意图从尼日尔河流域向东扩张，占领了塞内加尔、达荷美（贝宁）、象牙海岸（科特迪瓦）、几内亚的部分地区，英国也占领了黄金海岸、尼日利亚等地。德国加入后，在几内亚湾的殖民地问题上与英国发生冲突。1885 年英德两国签署协定，对几内亚湾进行了瓜分。英国和德国首次使用了"势力范围"这一概念，并很快向世界各地扩张，其中也包括东亚。

英国意图圈定势力范围,从埃及、苏丹起,经埃塞俄比亚、索马里、肯尼亚等地,一直到开普殖民地。然而,前面已经说过,德国于1885年宣布建立德属东非,由此出现了与英国对峙的局面。最终,英德通过1886年和1890年的协议完成了对东非的瓜分,作为承认德国占领坦噶尼喀的交换条件,英国夺得了肯尼亚和乌干达。在非洲东北部,意大利进军埃塞俄比亚,于1889年通过《乌恰尔条约》将埃塞俄比亚列为保护国,但该条约于1894年被废除,意大利在1895年至1896年的阿德瓦战役中被击败,最终未能占领埃塞俄比亚。与此同时,英法意完成了对索马里的瓜分。

这一时期"瓜分非洲"的核心问题是英国对南非的殖民统治。1867年奥兰治自由邦的金伯利发现金刚石矿脉,此后英国一直对奥兰治自由邦和德兰士瓦共和国这两个布尔人国家的扩大保持警惕,并发动了1880年至1881年的第一次布尔战争。布尔人(又称阿非利坎人)是开普殖民地的定居人群,主要是荷兰移民的后裔,他们在殖民地被英国占领后开始了向内陆的大迁徙(the Great Trek),建立了上文说的两个国家。英国在第一次布尔战争中战败,承认德兰士瓦共和国的自治。1885年4月德国建立德属西南非洲。1886年德兰士瓦发现金矿后,英国再次图谋占领德兰士瓦。自德兰士瓦共和国和奥兰治自由邦发现金刚石和黄金以来,布尔人地主为经营采矿业,一边引入德国资本,一边用残酷的手段驱使原住民采矿。英国试图征服德兰士瓦共和国,所用的借口是来自开普殖民地的大量英国矿师遭到歧视。在此期间,塞西尔·罗兹创办了控制金伯利金矿的公司,同时参与英国的殖民统治,最终在1890年成为开普殖民地的总理,并开始驱逐布尔人势力。

列强对非洲的瓜分引发了非洲各国民众的强烈反抗。在非洲史中，1880年代到1910年之间非洲人民的抵抗运动被称为"初期抵抗"。在世界史上，这是一场具有空前规模和多样性的人民抵抗运动。

1884年1月，控制着埃及的英国把在第二次鸦片战争中表现活跃的戈登将军派往苏丹，使埃属苏丹爆发的马赫迪运动带有了与英国扶植的傀儡苏丹国家作斗争的性质。1885年1月，柏林西非会议期间，马赫迪军队攻克由英埃军队控制的喀土穆，建立了马赫迪国家。马赫迪国家鼓舞了北非的赛努西运动、乍得周边的拉巴赫国家、西非的萨摩利·杜尔国家，甚至向东北方的埃塞俄比亚发起了进攻。1880年代后半期，马赫迪国家以苏丹为中心建立了大范围的统治地区，直到1889年马赫迪军队远征埃及失败才失去势力。[1] 萨摩利的失败如出一辙。

在西非，哈吉·奥马尔于1860年代创立的神权国家——图库勒尔帝国正面临法国的威胁。1883年，法国殖民势力扩张到尼日尔河，遇到图库勒尔帝国的抵抗，最终于1890年攻陷其都城塞古。萨摩利从1861年左右开始在尼日尔河右岸建立国家，1881年将势力范围扩大到尼日尔河上游，1882年法国发生军事冲突。1886年双方虽达成暂时和解，但这种对立一直持续到了1890年代。

自1880年代以来，德属东非起义频发。其中最具代表性的便是阿布希里起义。1888年8月，阿布希里带领阿拉伯人和非洲人在桑给巴

---

1. 关于马赫迪起义和马赫迪国家，可参见栗田祯子《近代苏丹的体制变动与民族形成》（2001，大月书店）。——作者注

尔岛对岸的潘加尼发起反对德国统治的武装起义，起义蔓延到南北港口和内陆地区。与此同时，非洲酋长布瓦纳·赫利也在沿海地区发动了起义。相比之下，阿布希里起义的影响力更大，不仅德国增加了兵力，英国、意大利、葡萄牙也封锁海岸以援助德国，最终起义于1889年被镇压。除武装起义外，在德属东非西南部的内陆地区，酋长姆克瓦瓦率领赫赫族频繁袭击商队，令殖民地政府头疼不已。这些"阿拉伯人起义"虽然被拥有现代装备的列强击败，但并未就此停止，而是以游击战的形式继续进行。

正是因为非洲各地的奋起反抗，列强才无法集中精力干涉其它地区。可以说，这在世界历史上的意义就相当于1860年代的亚洲大起义。因此，将这个时代称为"非洲大起义时代"，比称之为"瓜分非洲时代"更为合理。英国军人戈登先后被派往克里米亚、中国和苏丹，这恰好反映了国际紧张局势焦点的转移。在下一个时代，非洲人民的大起义将被镇压，列强将在非洲展开以民众为牺牲品的斗争。

在非洲大起义时期，亚洲的国际关系处于缓和状态，侵略活动进行得悄无声息。

首先，英俄之间的大博弈开始向东扩展。虽然在1885年4月俄军入侵并占领了阿富汗部分地区，但这并没有引发英俄之间的战争。正如高桑驹吉指出的那样，远征苏丹的英国不想与俄国发生大规模冲突，并于1887年同俄国划定了阿富汗的新国界，避免了阿富汗危机。同时期，俄国从伊犁地区向东接近朝鲜，当时朝鲜也有与俄国合作的意向。为了牵制俄国，英国于1885年4月占领巨文岛。但总体而言，从1886年前后到1903年左右，大博弈一直处于一种僵持状态。

接下来，英国需要强化在印度的统治基础。1879 年 2 月，印度爆发继印度民族大起义之后的第一次武装起义——瓦苏达夫·巴尔旺特·帕德凯领导的反英武装起义。受此冲击，英国于 1885 年决定成立"以英国统治为前提"的印度国民大会党，转移印度人的不满情绪，稳固统治。同时，英国于 1885 年挑起第三次英缅战争，摧毁贡榜王朝，将其并入印度帝国。英属印度从此确立。

在东亚成立的君主立宪制国家——日本

自由民权运动的结束与国民主义

19 世纪 80 年代末到 90 年代初，东亚迎来了短暂的平静，日本便是在此期间完成了建立君主立宪制的准备。东亚之所以能获得平静，正是因为前面提到的非洲大起义分散了列强的注意力。在这一时期，日本不断吸收世界各地的智慧（社会思想），完善君主立宪制，逐步实现了"脱亚"。这也是世界历史在日本的一种表现形式。

在此时的日本，自由主义迎来了最后的花期。中江兆民著有《革命前法朗西二世纪事》（1886 年）和《三醉人经纶问答》（1887 年），又于 1888 年创办了《东云新闻》，以深化和推广自由民权思想。他在《革命前法朗西二世纪事》中主张，关于自由平等的讨论是在"舆论"的基础上才得以实现的，并强调了像国民公会这种议会的重要性。《三醉人经纶问答》是被比作自由党壮士的"豪杰君"、通晓西方近代思想的"洋学绅士"以及"南海先生"这三个人的政治讨论，其中不仅对依附于欧洲历史见闻的日本政治进行了批判，更指出了当时日本面临的国际问题。洋学绅士信奉卢梭和康德思想，认为一个实现了自由平等的民主国家应以"道德"的力量赢得独立、繁荣与和平；豪杰君推崇普鲁士式的权力政治思想，他认为军事力量才是一个国家的重中之重，即使是小国也应该奋发向上，以成为大国和强国为目标，与西方一争天下。不管是洋学绅士还是豪杰君的思想，都属于欧式思想。南海先生则立足于日本的现实，但因为不知所措而"含糊其词"。中江试图通过全球视角洞察当时日本的现状和将来。

与中江兆民同时期的东海散士在《佳人奇遇》中，从国权的角度讲述了世界诸小国的抵抗与联合。会津藩遗臣柴四朗于1879年至1885年间在美国游学，回到日本后以东海散士为笔名，出版了《佳人奇遇》（共10卷）。他用政治小说的形式，描述了中国、日本、爱尔兰、西班牙、波兰、匈牙利、意大利、希腊、埃及、印度和圣多明各等国为争取独立和自由，与大国压迫和统治作斗争的联合运动。关于日本的自由民权运动，他批判道："我人民爱开明之域，慕自由之里……毁祖宗百年之良法……摸米拟欧，徒奔理论，不勉实业……"最后主张，"方今当务之急，与其向内伸长十尺自由，不如向外扩展一尺国权。"他引以为训的一个例子是18世纪末被列强瓜分的波兰。"在人民和自由的理论上犯了错误，以一己之自由为无上的自由，没有意识到国家独立的自由更为可贵"，最终失去了国家，这就是波兰的命运，木户孝允也以此为教训。

对境外小国之抵抗和联合动向有所观察的散士，对当时的自由民权运动和藩阀政府的政策都不满意。他认为值得学习的是小国的国权主义。不久后，这种小国的国权主义将与陆羯南等人的国民主义思想合流。

1880年代末，对欧化主义的反抗愈发强烈，民族主义以"国民主义"和"日本主义"的名义得到发展。1888年，三宅雪岭创办了《日本人》杂志，1889年陆羯南创办了报纸《日本》。事实上，在创刊过程中，陆羯南等人认真研究了有关欧美民族主义的文献。在此，笔者想重点介绍陆羯南。关于陆羯南的研究非常多[1]，我们先来看看他与欧洲思想的关系。陆羯南在研究卢梭等人的同时，还研究了意大利的约瑟夫·德迈斯特[2]等人的保守主义思想。[3] 陆羯南高度重视西方文明，从科学技术到经济学、社会思想、哲学，他认为只要对日本有用都应该引入。

曾向箕作麟祥学习法语的陆羯南深受反革命思想家德迈斯特的影响，在1885年以"主权原论"为书名，翻译并出版了德迈斯特1794年的一部著作。根据陆羯南的翻译，德迈斯特认为：引领法国大革命的卢梭的《社会契约论》是一种"谬论"，"社会因主权者而存在"。社会[4]和主权的存在是自然的作用，即"造化之力"。根据基于"造化之力"产生的传统，一步一步前进的保守主义才是应有的态度，"人是为君主政治而生的"，君主制才是自然的政治制度。另外，国民由君主政

---

1. 如，片山庆隆《陆羯南研究的现状和问题：对外论、立宪主义和民族主义》（2007）。——作者注
2. 约瑟夫·德迈斯特（Joseph de Maistre）原是法国保守主义思想家，1753年出生于法国，因法国大革命爆发逃亡到国外，1821年卒于意大利都灵，时任意大利境内撒丁王国的司法大臣。
3. 参见《近时政论考》（1891），《国际论》（1894）。——作者注
4. 陆在这里使用了"社会"，这个词是1880年代中期才在日本出现的。在那之前，英语中的society被译为"人际交往"。在万国史中，1886年植田荣翻译的《须因顿氏万国史》首次使用了"社会"的概念。——作者注

治的对象即人构成,所谓"国民",其"精神"相同,并且具有"单一无形的一致",这种"单一无形的一致"就是"国家精理"和"国民精神"。最终,以德迈斯特的思想为基础,陆羯南的"国民主义"登场了。陆在 1888 年 6 月号的《东京电报》上首次提出"国民主义"的概念。他认为,英语中的 nationality 是"以国民为基础,包含相对于其他国民的独立性和特殊性",因此译为"国民主义"较好。今天来看,这就是 nationalism(民族主义)的概念。陆在 1891 年出版的《近时政论考》中系统地论述了国民主义,他研究了从民权论派到保守论派的政治思想,批评其欧洲思想基础,主张基于"国民的天赋任务"的国民主义。

陆通过德迈斯特引入的"民族主义",并不是 19 世纪后半期欧洲的民族主义思潮,而是法国大革命前后出现的精英阶层的民族意识,即所谓的"原始民族主义",一种"王国或帝国"成员的归属意识。直到 1848 年革命之后,民族主义席卷中产阶级,语言、习俗和法律上的平权等要素才加入其中。德迈斯特是 18 世纪末至 19 世纪初的反启蒙主义保守派,所以陆从他那里学到的民族主义必然是处于反启蒙主义阶段的浪漫主义式原始民族主义。或许正因为如此,也有人认为,陆的民族主义从政治上来讲绝不是"国家主义"或"侵略主义",甚至在某种意义上是与"亚洲主义"相通的。

"与民族主义的本义相反的日本的民族主义,绝不是衍生自日本固有的思想,而是来自外部的思想"。就陆的情况来说,他提出的欧洲反启蒙民族主义,对照的就是欧洲的启蒙思想。19 世纪世界历史上的一个重要潮流,即民族主义,以国民主义的形式在日本实现了本土化。

实际上，这是日本为了对抗西欧文明，借用西欧的模式建立的日本"传统"，这一点与日本宪法相同。

世界史的产物——明治宪法

在上述思想背景下，日本开始建立一个君主立宪制国家。1885年内阁制度出台，1888年开设枢密院，翌年2月颁布《大日本帝国宪法》（明治宪法）。帝国宪法以天皇制国家为基础，承认议会的权力，反映了自由民权运动的要求。"万世一系"的天皇是神圣不可侵犯的国家元首，总揽统治权。议会由贵族院和众议院两院组成，但众议院的权力受到制约。内阁由天皇任命的总理大臣和国务大臣组成，对天皇负责，不对议会负责。设立由天皇任命的枢密院，审议重要的国家事务。陆海军皆由天皇统帅。

制宪的准备工作由曾受施泰因指导的伊藤博文等人带领。在伊藤的领导下，参与准备工作的有同样曾在维也纳师从施泰因的金子坚太郎、1882年起与伊藤同去欧洲调研并向施泰因学习的伊东巳代治，还有曾在德国学习"历史法学"的井上毅等人，外国雇员赫尔曼·罗斯勒和阿尔伯特·莫斯从旁协助。被认为是宪法实际起草人的井上，面对受英国等国影响而日益高涨的议会主义运动，并没有高举日本固有传统的旗帜进行抵抗。1872年开始游学欧洲的他，在看到英法议会主义走进"死胡同"后，选择了德意志式的君主制，并根据日本的实际情况将其本土化。当时的欧洲，社会契约论走向衰落，取而代之的是"以提倡具象性的历史主义和实证主义为指导思想做学问"。井上要做的便是"按照德国历史法学的方法"发扬日本的"历史传统主义"，即

"恢复日本传统的儒家道德"。换言之，利用西方对抗西方。

根据牧原宪夫的说法，日本的天皇礼仪也是在俄国、奥地利皇帝通过古老礼仪维持权威的做法上发展起来的。"近代的天皇文化，是为了对抗西方文明和立宪制、议会制而创造出的一种'新传统'，在参照欧洲标准的同时又具有独特性。"

也就是说，这是为了反西洋而进行的欧化。从这个意义上讲，明治宪法和天皇制都是世界历史的产物。在东亚短暂的平静中，日本吸收世界各国的思想和制度，创造了独有的体制。

专栏2：万国史的发展

1870年代，英国和美国分别出现了弗里曼（E. A. Freeman）和斯温顿[1]（William Swinton）等人的"种族主义世界史"。他们认为应该围绕领导文明的欧洲种族——雅利安人来写世界史，即以欧洲为中心的世界史，在这样的世界史中，亚洲只是附属地区。这种世界史或许是受到了达尔文主义的影响。在1880年代以后，随着国家史在历史学领域的发展，欧美的世界史逐渐失势。兰克的《世界史》（1881—1888）是一个例外，他认为世界历史不是由国家历史汇聚而成的，而是以各国历史为基础，阐明国家之间的"关系"。与他1854年讲义（《论近代史的各个时期》，参见专栏1）的不同之处在于，《世界史》中添加了国家历史。然而，如果依照事实去追寻各国的关系，世界史便自然会延展到欧洲之外，兰克却没有这

---

1. 亦译作须因顿。

样做。他的世界史最终也只停留在欧洲范围内。美国的费希尔（George Park Fisher）效仿兰克，将历史划分为古代、中世纪和近代，将不同时期的国家历史拼凑成世界史，并且也是一部以欧洲为中心的世界文明史，对欧洲以外的地区鲜有提及。

1870年代的日本涌现了不同类型的万国史。其一是"并列型"万国史，即将日本史、亚洲史、西洋史并列的万国史，如文部省的《史略》、牧山耕平翻译的《巴来万国史》、冈本监辅的《万国史记》等。其中，《巴来万国史》是对寺内章明译编《五洲纪事》的重新翻译，彼得·帕利的原作纵观全球五洲历史，在这一时期仍然广受欢迎。其二是"与日本史相区分"的万国史，如在师范学校编的教科书《万国史略》中，世界史是日本历史以外的外国史。第三类是"以文明为导向"的万国史，是以传扬欧洲文明为目标的欧洲中心主义，后来超越帕利，逐渐占据了主导地位。例如，西村茂树编著的《校正万国史略》、田中义廉编著的《万国史略》等，福泽谕吉在《文明论概略》中所展示的历史，虽不叫"万国史"，也与此类似。

1880年代，崇拜西欧文明的万国史成为主流。甚至连弗里曼和斯温顿的种族主义万国史，只要是在文明史的范畴内，也会被全盘接纳。例如，植田荣翻译的《须因顿氏万国史》和关藤成绪翻译的《弗氏万国史要》，都得到广泛传播。文明万国史的典型代表作是天野为之的《万国历史》，他指出与"西洋文明"相比，"可悲的是，东洋之文化、东洋之人民与世界全体之大运动没有丝毫关系，在万国历史上没有留名的功绩"，充分体现了对西欧的崇拜和与亚洲的脱离。

第三章

帝国主义时代
—— 世界史中的甲午战争和日俄战争

本章概要

  1891年，俄法同盟成立，与德奥意三国同盟和坚持"光荣孤立"的英国形成鼎立关系，欧洲由此实现了势力均衡，紧张局势随后转移到爆发甲午战争的亚洲。甲午战争后，俄法德在"远东归俄国，近东归德奥"的共识下达成合作，紧张局势向中东和非洲转移，马赫迪运动和南非战争成为焦点。中东和非洲的紧张局势通过英法协商逐渐平息，亚洲局势再度紧张，并表现为日俄战争的形式。日俄战争实质上是一场美英与法德之间的代理人战争，战后紧张局势转移到地中海，摩洛哥和巴尔干成为焦点。英俄试图通过协商缓解紧张局势，反而激化了列强之间的对抗。在列强相互较量时，奥匈帝国吞并了波斯尼亚和黑塞哥维那两州，受此影响，1910年朝鲜被日本吞并。

从欧洲的"均衡"到甲午战争
——紧张局势向亚洲转移

俄法同盟与西伯利亚大铁路

俾斯麦时代的势力均衡是通过拉拢俄国、孤立法国得以维持的,但到 1880 年代末,形势发生了变化。首先,在德国国内,俾斯麦的政策建立在"容克"(贵族地主阶级)与资产阶级相互妥协的基础之上,只要符合双方的利益,就可以继续推行。然而,讽刺的是,正是由于俾斯麦的"和平"外交,德国资本主义迅速发展,随着对俄投资的扩大,俄国工业和交通通信方面的发展成果被引入德国,引发了容克地主阶级对资产阶级的不满。当时正值世界农业萧条时期(1875—1895),德国遭受了俄国农产品的冲击,加剧了容克地主阶级的反俄情绪。这在军事方面演变为容克贵族和军事当局对俾斯麦的不满。同时,中产阶级也认为对俄国的投资是以牺牲德国本国利益为代价的投资。结果在 1887 年,俾斯麦因无法满足俄国提出的进一步投资要求,被迫允许俄国接近法国资本。在这种情况下,特别是在对社会主义政党的政策上,俾斯麦与新皇帝威廉二世的冲突加剧,最终被迫辞职。此后德国实行"新路线",向"世界政策"迈进。

俄国疏远德国,开始向法国靠拢,法国同意对俄投资。俄法于 1891 年 8 月签订政治协定,1892 年签订秘密军事协定,1894 年批准同盟条约,俄法同盟成立。该同盟并不是建立在俄法平等的基础上。

正如江口朴郎曾指出的那样，当时最新的金融资本国法国与属于前近代的沙皇俄国联手，俄法同盟的意义在于构造俄国对法国的金融从属关系，赋予前近代的沙皇主义以近代的存在意义。与君主同盟式的德奥意三国同盟不同，法俄同盟是一个帝国主义军事同盟。该同盟赋予了俄国军事力量在国际关系中的重要意义，但它建立在一个极度危险的体制之上，即对国内处于"饥饿状态"的农民的统治。在这一时期，这种体制广泛地出现在世界各地。

同时，俄法同盟也赋予了三国同盟新的意义。俾斯麦原本试图通过与俄奥两国结盟，使两国相互牵制以维持整个欧洲的和平，但由于俄国背离，"三国同盟开始带有反对俄法的性质，德奥之间建立了无法斩断的纽带"。无论如何，德国不得不与巴尔干地区及东方保持利害关系，德国与奥匈帝国的关系也向帝国主义转变。其意义稍后才会显现，当下值得注意的是，俄法同盟、三国同盟与坚守"光荣孤立"的英国之间形成了一种鼎立关系，欧洲国际局势进入了一种僵持状态。在这种情况下，欧洲内部的具体冲突可能会引发大规模战争，因此不得不将其转移到欧洲之外。

俾斯麦下台后，德俄关系开始恶化，即便如此，德国仍然不希望与俄国发生军事冲突。相反，在俄国向东亚扩张的问题上，德国甚至展现了友好态度。德国依旧认为，为了将注意力从欧洲转移到其他地区，俄国可以发挥重要作用，这也是俾斯麦一直以来的政策。俄法同盟并没有立即在外交上作出具体的表现。英国在 1887 年《地中海协定》的基础上无意过多干预欧洲大陆事务，只想保住在东方的利益，暂且把巴尔干半岛放在一边。就这样，各国开始在欧洲之外的地区争夺利益。

现在回头看，当时的东亚、中东和非洲都有可能成为新的焦点。决定性因素是哪个地区会爆发战争，使当地政权被民众运动所动摇。最终，围绕朝鲜问题的战争爆发了。除战争因素之外，在使焦点向东亚转移方面，西伯利亚大铁路也具有重要意义。

俄国从1885年起就开始计划修建一条连接欧洲、俄国和远东地区的铁路，在获知英国对中国东北地区的铁路情况进行了调查之后，为了与英国抗衡，于1891年3月宣布修建西伯利亚大铁路。同年5月，皇太子尼古拉在访问日本期间遭遇行刺事件[1]，不得不中断行程，回国途中在符拉迪沃斯托克出席了开工仪式——是在有望从法国获得贷款的前提下进行的。同年8月，俄法商定缔结同盟。1892年谢尔盖·维特出任财政大臣，推动了西伯利亚大铁路的建设，在法国的贷款落实后，铁路建设工作步入了正轨。

建设西伯利亚大铁路是与英国进行世界性对抗的重要一步。多年来一直与俄国进行大博弈的英国立刻提高了警觉。俄国早在1888年就建成了通往南方的里海铁路，为土库曼斯坦的棉花进口提供了便利，威胁到被英国统治的印度。加上向东修建的西伯利亚大铁路，俄国从东西两面挑战英国在亚洲的利益。维特通过从法国引进资金，从德国购买机器，修建通往亚洲的西伯利亚大铁路，促进了俄国的工业化。由于俄国修建西伯利亚大铁路，英国的对日政策也发生了变化。从1888年开始，英日之间重启关于修订条约的谈判，1890年至1891年

---

1. 即大津事件，亦称大津行刺案。

间，英国的态度发生了巨大的转变，对修改条约表现出好感。而日本最担心的是，铁路开通后，俄国可以向亚洲调派庞大的陆军军队，从而威胁朝鲜的独立。

甲午战争及其世界性影响

在东亚，1894年2月爆发的东学党起义（甲午农民战争）动摇了朝鲜政权。朝鲜政府向清朝请求援助，日本乘机发动与清朝之间的甲午战争（1894—1895），这是利用了朝鲜王朝面对农民战争这种民众运动时应对能力的不足。如陆奥宗光在《蹇蹇录》中所述，日本政府对东学有着浓厚的兴趣。[1]

甲午农民战争是一场反对1875年开国后资本主义入侵带来的朝鲜人民贫困和地方官员腐败的农民起义，由东学道[2]代表人物全琫准领导，打着"斥倭洋""辅国安民"的旗号，以建立"一君万民"的体制为目标。这是一场具有自治组织和政治制度的大规模农民运动，朝鲜王朝毫无应对能力。江口认为，俄法同盟成立后，欧美各国都把注意力集中在东亚，反抗李氏朝鲜统治的这场"东学党之乱"，虽然具有排外性和非近代性，却也是在当时的世界历史条件下发生的，从这个意义上，它被认为是后来的亚非民族运动的原型。

1894年2月，农民战争在全琫准的领导下爆发。5月31日，农民军进入全州。6月3日，闵氏政权请求清朝提供援助，却也导致了日

1.《日本外交文书》收录了自1893年起有关东学的史料。——作者注
2. 1905年改称天道教。

本的介入。6月5日，清朝向朝鲜派遣军舰，接着又派出陆军。日本于6月9日开始向朝鲜派兵。派兵举动遵守了《天津会议专条》中的"事先通告"规定。然而，在朝鲜政府与中日交涉期间，农民军于6月10日与朝鲜政府签署了《全州和约》，双方达成和议。尽管日本和清朝都已没有理由继续介入，但干预并未停止。日本外相陆奥提议由日清共同向朝鲜王朝提出内政改革的要求，遭到清朝拒绝后，日本于7月10日单独向朝鲜提出了内政改革建议。虽然列强的态度并不明确，但英国于7月16日签订了《日英通商航海条约》，并同意对不平等条约进行部分修改，日本从中受到了鼓舞。这表明英国并不反对日本进军朝鲜。于是，日本于7月20日向朝鲜发出最后通牒，要求其解除与清朝的宗藩关系，使清军撤出朝鲜。7月23日，日军解除朝鲜军队武装，控制了朝鲜王宫。随后，日本扶持大院君取代高宗，建立新政权，强迫朝鲜实行改革并要求清军撤离。7月25日，日本和清朝发生军事冲突。8月1日，中日双方正式宣战。日本声称的开战理由是保护"独立国家"朝鲜不受清朝侵犯。

开战后不久，大院君领导下的开化派政府就在甲午战争期间实施了甲午改革，旨在通过对国政进行全面的近代化改革来回应甲午农民战争中农民提出的各项要求，涉及行政、警察、财政改革、科举的废除、身份等级的废除等多个方面。就这样，1890年代，在农民战争的压力下，朝鲜终于开始了近代化改革。然而，由于财政困难和日本的干涉，改革未能顺利完成。

那么，中日两国为何会开战？首先，清朝为何会向朝鲜派兵？6月3日，袁世凯正式接受朝鲜政府的书面求援，遵照"保护属邦"的旧例，为从军事上保护朝鲜，清朝派遣了军队。此外，袁世凯认为，日本政府与议会之间的冲突还在继续，无暇出兵朝鲜。中国通过洋务运动增强了陆海军力量，此时甚至已经拥有了李鸿章领导的东洋第一舰队——北洋舰队，因此在军事上充满信心。然而，清朝内部却是"避战自保"的态度，在英俄美等列强的施压下，试图迫使日本从朝鲜撤军的李鸿章及其背后的慈禧太后，与持主战论的光绪帝及其重臣之间存有分歧。此时，清朝领导阶层表现出了在国际意识上的落后。川岛真说，这场战争可能是清朝没有意料到的，对日本来说却并非如此。

1890年，日本根据明治宪法设立帝国议会，举行了议会选举。此时的问题在于议会和政党作为欧洲式立宪制的要素，是否能实现"本土化"，而亚洲立宪制作为"世界史的一部分"，是否能取得成功。然而，现实中，政治是被掌握实际权力的伊藤、陆奥等"元勋级"政治家操作的，政党的力量还不够强大。这种情形与当时的德国和奥匈帝国并无太大差别。对日本掌权者来说，与清朝的战争是进行国内整合的重要契机。

手握国家权力的伊藤和陆奥等人对形势的判断又如何呢？正如陆奥的《蹇蹇录》所述，当时的日本领导阶层对俄英等国的利害关系和动向作出了准确的判断。俄国虽然不希望日清之间发生军事冲突，但也不愿出面干涉；英国方面也"希望不扰乱东方的和平"。也就是说，陆奥认为俄国和英国都不会介入。基于这些判断，日本发动了战争。为了破坏清朝与朝鲜之间的"属邦保护"关系，日本根据"权力平均"原则与清朝开战。箕作的《万国新史》中也引用了"各国均势之法"的概念，"权力平均"正是遵循了当时世界"势力均衡"的逻辑。

从日本对朝鲜的统治策略可以看出陆奥等人的国际视野。日本对朝鲜的国际定位是怎样的呢？关于这一点，可以参考陆奥在 1894 年 8 月的内阁会议上提出的四个方案：甲案——让朝鲜成为一个完全独立的国家，拥有自主权，不对其进行任何干预；乙案——朝鲜作为名义上的独立国家，由日本直接或间接保护；丙案——由中日两国担保朝鲜的安全；丁案——朝鲜像比利时、瑞士一样成为中立国。最终，日本采用了乙案。值得注意的是，从甲到丁，每一个方案都充分体现了当时的帝国主义世界殖民政策。这正是日本探知世界史的潮流，并在东亚关系之中将其本土化的表现。

战争胜利后，日本通过 1895 年 4 月伊藤博文和李鸿章签订的《马关条约》迫使清朝承认朝鲜是一个"完全无缺之独立自主国"，并割让辽东半岛、台湾全岛及其附属各岛屿、澎湖列岛，增开杭州和苏州等地为商埠，承认日本在这些地区的制造业经营权，并获得了巨额赔款。与中法战争后的《天津会议专条》相比，《马关条约》掠夺性过强，甲午战争开启了帝国主义在东亚的新时代。

这里要重点指出的是，日本通过让清朝承认朝鲜是一个"完全无缺之独立自主国"，消除了清朝与朝鲜之间一直存在的宗藩关系，由此清朝的对外关系变为基于条约的一元化关系。所有东亚国家之间的关系都受西方条约关系支配，整个东亚地区以国家为单位被纳入近代世界。各国进军东亚时，不再受清朝宗藩关系的限制。从某种程度上说，19 世纪的国际关系潮流是通过甲午战争在东亚实现本土化的。

这场战争向世界表明，清朝已不再是一头"沉睡的狮子"，对于欧洲"势力均衡"原则下正在积极寻找对外扩张新出口的西欧列强来说，这是一个非常重要的信息。对俄国来说尤其如此。俄国在德国的鼓动下，开始积极扩张。以俄德为首的列强再次将目光转向亚洲。

三国干涉与巴尔干化

甲午战争结束后，德国得知《马关条约》草案的内容，率先对条约提出质疑，并邀请俄国、法国共同进行"三国干涉"。1895年4月23日，德俄法三国驻日公使分别携外交"备忘录"访问外务省，以日本对辽东半岛的侵占危及中国首都，且使朝鲜的独立"有名无实"为由，要求归还辽东半岛。日本在调查了英美等国的意向，特别是在确认英国无意援助之后，于4月30日同意归还辽东半岛，并于5月13日修改条约。日本方面，虽然陆奥等政府官员接受了当时的国际形势，但日本国民将三国干涉视为屈辱，在这种情绪的影响下，日本走上了强军之路。

俄法同盟成立后，德国需要让俄国将注意力转向东亚，这是德俄在"三国干涉还辽"事件中合作的基础。在俄国对东亚地区的关注日益增强时，如后来所见，德国推行了以巴格达铁路为中心的东方政策。"远东归俄国，近东归德奥"的反英妥协达成。从1894年起，德国暂时采取了亲俄反英的态度。此时的俄法同盟也还没有带上反德色彩。三国干涉就是这种国际关系的产物。

三国干涉之后列强在东亚的举动，也可以看作是英俄大博弈的一部分。俄国通过三国干涉迫使日本将辽东半岛归还中国，并在1896年6月西伯利亚大铁路修到贝加尔湖时，与李鸿章签订了《中俄密约》。

除了以防御日本侵略为目的,同清朝达成军事合作外,俄国还获得了修建横跨中国东北地区的东清铁路的权利,以及在铁路附属地的行政权等。此前在获得法国资本后成立的华俄银行与清朝合资,成立了东清铁路公司。俄国一方面因为甲午战争而对日本的军事实力有所忌惮,另一方面与英国的大博弈也还在继续,因此协调与中国的关系变得尤为重要。在俄国不能大举进军朝鲜,又必须提防日本的情况下,中俄关系变得愈加密切。此时中国方面也采取了"联俄拒日"的方针。

对英国而言,俄国修建西伯利亚大铁路是一个巨大的威胁。俄国不仅威胁中国西北部边境,图谋蚕食西藏,对中国东北地区和朝鲜虎视眈眈,还修建了更容易接近中国的西伯利亚大铁路,对英国在东亚的利益构成了巨大威胁。英国在东亚与俄国、法国、德国、中国对立,处于孤立状态。尽管如此,俄国向东亚扩张,降低进军阿富汗、波斯、土耳其的可能性,同时法国也不再指望能在欧洲得到俄国的支援。从这个角度看,俄国的扩张对英国也是有利的。

就这样,在"远东归俄国,近东归德奥"的反英妥协之下,列强在东亚的关系陷入僵局。

甲午战争之后,东亚各国之间的关系又如何呢?三国干涉遏制了日本入侵中国大陆的野心,随后几年间,日本不断增强军事力量,重点开发已经侵占的台湾和朝鲜,外交上也恢复了甲午战争之前的谨慎。然而,稳固的中央集权体制的建立造成了日本周边国际关系的巴尔干化。1895年,尽管台湾民众激烈反抗,台湾最终仍沦为日本第一个殖民地,日本也成为东亚第一个殖民帝国。日本视台湾为不适用宪法的特殊法域,设立"总督"进行统治。加上已经与中国分离、被编入日本领土的琉球，日本帝国的版图不断扩大。之后的《北海道旧土人保护法》（1899年）剥夺了阿伊努人的土地权利，让社会变质也是日本扩张过程中的一环。阿伊努社会以及琉球、台湾、朝鲜殖民地逐渐形成。

在台湾设置总督（Governor-General）的制度是从何处引进的呢？从日本周边来看，荷兰于1619年在荷属东印度群岛（印度尼西亚）设立总督，1565年西班牙也在菲律宾设立了总督。印度于1773年设立孟加拉总督，1833年升格为印度总督。法国于1887年在法属印度支那设立了总督。日本就这样吸收了世界史上的潮流，将其用于统治第一个"殖民地"。

朝鲜又如何呢？在甲午战争中，朝鲜成为清朝和日本激烈交锋的战场。甲午战争之后，本应享有"完全无缺之独立"的朝鲜又成为日俄冲突的战场。当时日本既不能在俄国入侵之前将朝鲜列为保护国，也无法让俄国承认日本在朝鲜的特权。日本在朝鲜的威望也因三国干涉还辽事件受损，国王高宗和闵妃逐渐向俄国靠拢，并试图阻止日本的干涉。在这种情况下，1895年10月，日本的对外强硬派在驻朝鲜公使三浦梧楼的主导下策划政变，暗杀了闵妃，高宗则得到了俄国公使馆的保护。此次政变增加了日本进入朝鲜的难度，日本为了确保在朝鲜的影响力和利益，不得不与俄国合作。1896年5月，山县有朋访问莫斯科，提出了将朝鲜分为南北两部分由日俄分占的方案，但并没有被俄方接纳。在日俄策划侵占朝鲜的同时，1897年10月，朝鲜高宗为了对抗日俄，彰显国家权威，改国号为"大韩帝国"，自称皇帝。此举回应了独立协会的要求，该协会是于1896年成立的追求独立自主和立宪政治的民族团体。由此，朝鲜转变为和清朝一样由皇帝统治的国家。

最后，从清朝的角度看，甲午战争严重影响了清朝的威望。战后中国国内救国意识高涨，自从1895年4月日本提出议和条件，由康有为等人领导的"变法运动"便开始了。在洋务运动保留政体而只吸收西方技术的基础上，变法以改良政体为目标，即像日本那样引进君主立宪制和议会制，实现西化。对外，清朝在甲午战争后仍坚持"联俄拒日"的方针。1896年6月签订《中俄密约》，承诺互相援助以抵御日本。然而，为支付《马关条约》中的巨额赔款，除俄国之外，清朝还向英德法等国借了巨额贷款，作为回报，要向列强提供租借地、铁路和矿山利权、内地旅行权等。这是继非洲之后，在"有效统治"逻辑之下进行的无声侵略。在此情况下，清朝政权和民众社会都不可避免地发生了动摇。1898年，反对变法的慈禧太后、袁世凯等人通过发动戊戌政变重新掌权。

甲午战争后，以中国为中心的册封、宗藩关系崩溃，近代国际关系开始主宰东亚。与此同时，东亚的"巴尔干化"格局形成。日本、中国、朝鲜本应共同对抗列强，日本却与接近俄国的清朝对立，同时入侵朝鲜，进一步控制台湾和阿伊努人。

东亚的形势将不可避免地引起列强之间的冲突和民众的反抗，但这些冲突和反抗开始显现，是在列强调整了在非洲的利害关系之后。在此之前，由于推行新"世界政策"的德国的加入，非洲本已错综复杂的形势变得更加紧张。

从南非战争到义和团运动
——紧张局势从非洲向东亚转移

法绍达事件与南非战争

1897年,解除俾斯麦的职务后开始亲政的德国皇帝威廉二世任命冯·比洛为外交大臣(1900年出任宰相),随后提出积极的"新路线"政策,并对外作为"世界政策"推行,其目标有三:非洲,中国,南洋群岛。

非洲已经成为国际关系的主要焦点,在此上演着以英法为中心、德国在后来加入的列强扩张和相互对立,以及反抗列强的民众起义。1884年至1885年的柏林西非会议结束后,列强在镇压起义的同时迅速瓜分非洲。1890年代,和在东亚一样,列强之间的冲突以民众为牺牲品在非洲展开。

首先,法国进行了对西非的分割。到1893年,法国将象牙海岸、几内亚和达荷美(贝宁)设为殖民地,控制了塞内加尔河流域。在非洲内陆,法国与萨摩利的伊斯兰国家发生冲突,于1891年攻陷其首都,又经过长时间的战斗最终于1898年击败了萨摩利。在此期间,法国沿尼日尔河而下,占领了廷巴克图等地,并进军苏丹中部,与拉巴赫国家交战。

英国也在西非进行殖民扩张,为拿下黄金海岸挑起与阿散蒂王国的战争,并于1896年取得胜利。英国还与尼日利亚皇家公司合作,于

1900年实现了对尼日利亚的统治。同时，在苏丹，1885年马赫迪去世后，后继者阿卜杜拉一边抵抗英国和埃及的入侵，一边建设和维护国家。然而，1896年，在阿拉伯世界积累了军事经验的英国军人基奇纳率领驻埃及英军进攻苏丹，1898年9月，马赫迪国家在首都乌姆杜尔曼的战役中被击败，阿卜杜拉等人逃往南苏丹，并最终于1899年11月被镇压。西部马赫迪运动的领袖奥斯曼-迪格纳的抵抗则在1900年1月被镇压。就这样，英国占领了苏丹。

追击马赫迪运动残余势力的英军进入南苏丹，与沿尼日尔河向东扩张的法军相遇。换言之，英法一边镇压非洲各地的抵抗运动，一边参与对非洲的瓜分，并在苏丹与法国势力交锋。1898年9月，英法两国军队在苏丹小镇法绍达发生冲突，战争一触即发。最终，英法两国之间的战争并没有爆发，两国在次年3月的协议中达成妥协。由此，英法在非洲的利害关系得到调和。

英法不得不妥协的理由中比较重要的一个，是为了对抗在东亚发生的"三国干涉还辽"中，德奥俄的合作。同时，英法还必须应对民众的抵抗运动。对英国来说，镇压马赫迪运动是一项长期任务。对法国来说，压制西非的萨摩利帝国和控制尼日利亚也需要时间。因此，英法根本没有交战的余力。此外，英国还面临南非问题。

在南非，布尔人势力、英国以及德国为统治班图人展开了较量。塞西尔·罗兹的英国南非公司于1889年获得特许状，次年罗兹成为开普殖民地总理，于1895年镇压了恩德贝莱族（马塔贝莱族）酋长的

"叛乱",并将最终的暴动据点——恩德贝莱和绍纳两地合并为罗得西亚[1],开发矿山,对德兰士瓦共和国施加压力。1896年,在罗得西亚,英国南非公司对民众的压迫再次引发反抗,并升级为第二次恩德贝莱战争(1896—1897)。这是一场在传统精神领袖"姆利莫"(Mlimo)的号召下发动的"武装起义"(Chimurenga)。镇压了这场原住民的起义之后,英国开始对布尔共和国进行干涉和侵略。

英国的这些举动也让德国政府采取了行动。俾斯麦通过《地中海协定》创造的英德"蜜月期"从1893年左右开始失效。一方面,这是因为英国间接支持了德属西南非洲的大规模原住民起义,反对德国武器进入纳米比亚港。另一方面,德国没有对英国在埃及的困境表示理解,并反对1894年交换苏丹和刚果部分领地的《英比协约》。随后,在1895年至1896年间,德国向东非的莫桑比克派遣军舰,抗议开普殖民地总理塞西尔·罗兹试图推翻德兰士瓦共和国政府的行动,且威廉二世给德兰士瓦总统克留格尔发送贺电,祝贺他"捍卫了国家的独立",从而加深了与英国之间的矛盾。威廉二世甚至宣布,他打算在1897年建立德兰士瓦保护国,表明德国资本即将进入南非。

1898年8月《英德条约》的签订使德国暂时停止对布尔人地区的干预。该条约规定,如果葡萄牙出于财政原因不得不抵押殖民地,英德就将安哥拉和莫桑比克划分到各自的势力范围内。虽然假设并没有成为事实,但它体现了英国和德国的和解。就这样,英国阻止了德国的干预,并建立了针对布尔人的战争体系。

---

[1] 今津巴布韦。

1899年10月，南非战争（第二次布尔战争）爆发，英国与两个布尔人国家——奥兰治自由邦和德兰士瓦共和国交战。布尔人的游击战使英国陷入苦战，持续投入了45万人的兵力。除了在印度、苏伊士运河等地进行军事部署以外，英国还需要向南非派驻大量兵力，包括印度士兵。虽然英国在1900年9月获得了胜利，但此后布尔人的游击战仍在继续，直到1902年5月双方才签订和约。

在英国国内，由于战争带来的大量伤亡和巨额军费，殖民事务大臣约瑟夫·张伯伦等人受到了批判。另外，经济学家约翰·阿特金森·霍布森撰写《帝国主义论》（1902年），批判了英国的国内政治、经济、社会的存在形式及其对亚洲的态度。在国际上，英国公开的、自私的帝国主义不仅受到1902年6月续签的德奥意三国同盟的批评，也受到法国、俄国以及美西战争期间美国舆论的批评。

从国际关系的角度看，南非战争的重要意义在于为俄国向阿富汗扩张创造了条件，使英国无法集中力量应对列强在东亚的冲突。在南非战争期间，英国几乎无暇顾及中国。

在非洲紧张局势升级的同时，列强在东亚、西印度和太平洋地区的悄然入侵动摇了当地的社会和政权，引发了新的问题。英法在法绍达的妥协、英德在南非的妥协导致紧张局势向东亚转移，民众运动正在威胁当地的政权。在南非的苦战也决定了接下来英国参与东亚事务的方式。

瓜分中国和义和团运动

当英法因非洲事务无法抽身时，其他列强迅速推进向亚洲的帝国主义扩张。在三国干涉还辽之后,中国欠下巨额债务,成为以俄国和德国为中心的列强瓜分的对象,同时国内积患严重,最终引发了1898年至1900年的"义和团之乱"。该运动很快招致列强的大规模干预,德国为列强干预创造了契机。

1890年代末,在英国专注于非洲问题时,俄国腾出精力向亚洲扩张,同时对印度虎视眈眈。此外,俄国还想得到英国占领的阿富汗等地,作为在南非战争中保持"中立"的"交换条件",但未能如愿。如前所述,俄国在1896年通过签订《中俄密约》获得了建设东清铁路的权利,并以此为基础扩大在中国的经济利益。1897年12月,俄国强行进入旅顺港。1898年3月,俄国与清政府签订《旅大租地条约》,租借旅顺和大连,并获得建设从哈尔滨到大连的东清铁路南部支线的权利。

俄国的行动,发生在德国向中国提出租借土地的要求之后。俾斯麦退位后,德国明确表示要在东亚建立海军基地。1897年11月,以德国传教士被杀事件为借口,德国占领了山东省的胶州湾。翌年3月,德国与清政府签订了《胶澳租界条约》。通过该条约德国不仅有了海军基地,还获得了铁路铺设权和矿山开采权,将广阔的内陆地区划入经济势力范围。这引发了中国内部的抵抗运动,李鸿章因此向俄国求援。此时,俄国得到德国的同意,没有进入胶州湾,而是进占旅顺港,要求租借旅顺和大连。俄国获得租借地的征税权,遭到当地居民的强烈抵抗。这种越过"条约口岸体制",直接通过获取铁路和矿山利权扩大内陆势力圈的分割统治方式,标志着柏林西非会议上的"有效统治"原则被引入中国。对中国的瓜分开始了。

受俄国影响，日本企图获取在朝鲜开展经济活动的优先权。1898年4月，日俄签订《西-罗森协定》，达成妥协，包括：承认朝鲜独立，不介入朝鲜事务；指派军事、财政顾问须经过事先协商；俄国不得妨碍日本在朝鲜的经济活动。与此同时，日本以台湾为立足点，试图占领福建，于1898年迫使中国承诺不将福建割让给其他列强。

相对于俄日德的行动，英国的东亚政策显得有些迟缓。英国专注于非洲问题，在东亚处于孤立状态。英国向俄国提议在东亚召开类似柏林西非会议的国际会议，但俄国没有接受。为了与俄国对抗，英国于1898年6月租借了与香港岛相邻的九龙半岛，并于7月签订《订租威海卫专条》。

法国在1899年将老挝并入法属印度支那，并在中国寻找与英国所租借的香港条件相当的港口，以建立与越南一体化的华南势力圈。于是，法国在远离广州、位于广东省西部边缘的一个渔村开辟了名为"广州湾"的区域，并于1899年11月镇压当地的激烈抵抗，签订了《广州湾租界条约》，将该地并入法属印度支那。英法专注于非洲，且从本国的经济力和商业力出发，都认为打开广阔的市场比圈定势力范围更为有利，因此比积极扩张的德国和俄国稍晚一步。就这样，列强进行着对中国的瓜分。

与此同时，美国重新开始关注太平洋和东亚。1898年，美国利用何塞·马蒂等人在古巴发动的反西班牙民众运动所引发的混乱，挑起了美西战争，积极地从加勒比海向太平洋扩张。同年美国与西班牙签订和约，西班牙承认古巴独立，并将波多黎各、关岛和菲律宾割让给美国。此后，美国于1901年至1902年间将古巴划为保护国，1903年获得对巴拿马运河的控制权，进一步向太平洋扩张。1887年，君主立宪制夏威夷被白人势力大幅剥夺王权，1893年白人势力宣布在此成立共和国。然而美西战争之后，美国于1898年吞并了夏威夷。在太平洋以西的菲律宾，1896年爆发的反西班牙革命受挫，革命力量在美西战争期间再次崛起，并在战争结束后的1899年对美宣战。美国虽然于1901年逮捕了革命领导者阿吉纳尔多，但用了三年时间，直到1902年才将民众的反抗暂时镇压。

继占领夏威夷、关岛和菲律宾之后，美国加强了对中国市场的关注。1899年9月，美国国务卿海约翰发表第一次"门户开放宣言"，提到各国在华通商、航海的平等及机会均等。该宣言一方面是听取了英国的建议，另一方面也是对俄国和德国垄断中国市场的批判。英国和法国提出"自由市场论"，支持美国的政策。提出"门户开放"政策绝不是为了反帝国主义，而是为了对抗"势力范围"政策。

美西战争期间，德国开始进军南洋。一直在太平洋地区寻找煤炭生产基地和海军基地的德国，借美西战争之机，采取了以获得基地为目的的外交行动。德国从1870年代开始与美国争夺萨摩亚，美西战争结束后的1899年，萨摩亚被分割为东西两部分，由美国和德国占领。此外，德国还以在美西战争中保持中立为交换条件，从西班牙手中谋得加罗林群岛和除关岛以外的马里亚纳群岛。就这样，德国在中国和南洋建立了便于推行世界政策的基地。

上述发生在亚洲和太平洋的侵略活动，虽然没有引发列强之间的冲突，但在越南和菲律宾遭到了民众的抵抗。最大规模的民众起义则发生在中国。

列强在瓜分中国期间，除租地外，还获得了铁路、矿山特权，不仅进入港口和居留地，还侵入中国内陆，圈定了各自的势力范围。列强对中国的侵略导致中国的社会性质发生了改变。印有外国文字的商品、西式建筑中的教堂以及基督教的传播，影响了中国各地甚至是农村地区人民的生活。对这种入侵进行反击的，正是秘密结社义和团。与太平天国不同，义和团是反基督教的。义和团始于民间团体"义和拳"，认为只要掌握拳法就能击退西洋枪，宣扬"神仙助中原，操拳以驱鬼（列强）"。义和团最初的口号是"打富济贫"与"反清复明"，甲午战争之后又高举"扶清灭洋"的旗帜。1898年5月，义和团在山东起义，攻击基督教徒，毁坏教堂、铁路和通信线路，逼近北京。在清朝内部，以慈禧太后为首的保守派倾向于与同样排外的义和团合作，李鸿章等变法运动派则对义和团持批判态度，主张与外国合作。1899年冬，英国牧师被杀案发生，翌年1月，英、美、法、德、意向清朝施压，要求镇压义和团运动。5月，当义和团运动在天津和北京全面爆发时，日俄等列强派遣了一支三百余人的部队；到6月，以俄国为中心的八国列强组建了一支两千余人的国际部队，经天津，进攻义和团大军所在的北京。对此，打算利用义和团的慈禧太后派于6月21日向列强宣战。

在义和团事件爆发之际，英国因南非战争、美国因菲律宾的反美独立战争都无法投入大量兵力。英国出于对俄国的防备，引诱日本出兵。日本于7月6日决定派遣大军。此后，日军取代俄军进入前线作战。8月，进攻北京时，联军的总兵力达到13500人，其中日军6500人、俄军4500人、英军1500人、美军1000人。英国此时派出的都是印度兵。8月19日，北京被攻陷。

此时的中国东北是俄军与清军的战场。1900年夏天，义和团袭击了俄办铁路，俄国派大军与清朝军队交战，于10月控制了中国东北南部。随后，俄国以17.3万人的兵力占领了整个东北地区。11月，俄国再次与清朝签订《中俄密约》，规定了在东北的驻军权，目的不仅是要控制铁路，还要控制整个东北地区。

北方的战争结束后，1900年12月，联军国共同向清廷提出《议和大纲》，清政府全盘接受。1901年9月，清朝与列强签订《北京议定书》（即《辛丑条约》）。清朝被迫支付巨额赔款，允许列强军队驻扎在北京和天津，并承担镇压排外运动的义务。虽然在同年7月，海约翰发表第二次"门户开放宣言"，呼吁保全中国的领土完整，制约列强的势力范围政策，但他还是参与了《北京议定书》的签订。同年10月，英德签订了以维护清朝领土完整和门户开放为宗旨的《英德协定》（《扬子江协定》），英国通过该协定保护了自己在扬子江流域的利益不受德国侵犯。很快，日本也加入了该协定。

英日同盟及其在世界史上的意义

这场义和团运动催生了后来在世界历史上具有重要意义的英日同盟。英日同盟的出现也与当时日本对朝鲜半岛的政策有关。在俄国统治中国东北的形势下，日本需要应对朝鲜问题。伊藤博文、山县有朋等人主张与俄国合作的"满韩交换"论，以促成俄国控制中国东北和日本控制朝鲜的局面。桂太郎、小村寿太郎等人则主张"满韩不可分"，即在确保朝鲜半岛安全的基础上与俄国争夺中国东北，实现英日联盟。桂太郎和小村寿太郎认为，俄国不仅会占领中国东北，还会向朝鲜扩张，这样一来"朝鲜将无法维持独立"，这对日本来说是"生死攸关的问题"。此时的俄国根据高宗的意向，提出了朝鲜中立化方案，以反击日本的意图。因此，为了与俄国对抗，日本需要英国的支援。

实际上在甲午战争之后，英国已经开始将日本视为在东亚的合作伙伴。对英国来说，结盟是为了对抗德俄，对日本来说则是为了制约俄国。双方越来越重视两国的合作关系。此时英国除了在阿富汗与俄国对立之外，还要集中精力在南非作战。日本在镇压义和团时展现的军事力量引起了英国的注意，英国海军更是强烈要求建立英日同盟。

英日同盟的缔结始于伦敦。1901 年 4 月，德国驻英临时代理公使埃卡德施泰因向日本驻英公使林董提出英德日三国组成东亚同盟（英德日三国同盟）的建议。他也向英国提出了同样的建议。该政策与《扬子江协定》是不同的。意图向中东扩张的德国想在东亚与日英合作，并使两国与俄国为敌，以避免本国直接与俄国对抗。考虑到德国的提案，林董在与英国外交大臣兰斯顿的会谈中，就英日之间缔结某些永久性协定的想法进行了交流。这是日后建成英日同盟的第一步。虽然英德的结盟不了了之，但是英国和日本在两个月后重启了谈判。6 月，英国意识到在东亚维护与日本的关系的重要性，开始与日本接触。经过英国的探询，新首相桂太郎、新外相小村寿太郎等人正式展开有关建立英日同盟的谈判。在一段时间里，日俄谈判和日英谈判是同时进行的，不过从伊藤 9 月赴俄谈判起，英日同盟谈判的进展更加迅速，在 12 月召开了元老会议之后于 1902 年 1 月签署《同盟协约》。

英日两国达成一致，承认英国在中国享有"特殊利益"，而日本除了在中国的既得利益之外，还在朝鲜的政治、商业和工业方面享有"特别利益"（用英语表达都是 special interest）。所谓的"特殊利益"早在 1885 年的《英德协定》中就首次体现了，即"势力范围"或"利益范围"的概念，这无疑是吸取了当时的世界史潮流。因此，英国经济学家霍布森也在其 1902 年批判帝国主义的著作中，对政治和工业上都成为领先国家的日本进行了重点研究，他担心日本作为一个"渗透西方文明的东方国家"，将在不久的将来颠覆亚洲的历史进程。

比斯利认为，日本与英国的合作具有重要意义，使日本掌握了当时的帝国主义方法。也就是说，日本看重的是通过结盟在中国开展经济活动，引入英国资本，进入英国殖民地。事实上，自此以后，日本的确开始在英法市场上获得资金。近代的英国与保留着前近代遗留制度的日本结成同盟，日本逐渐成为"远东宪兵"。英日同盟不过是俄法同盟在亚洲的翻版。从英国的角度来看，该同盟不仅使其放弃了"光荣孤立"政策，也促成了《英法协约》和《英俄协约》的签订。无论是从成立的理由、内容实质上看，还是就其影响而言，英日同盟都具有世界性的意义。1901 年 8 月 13 日，驻英公使林董与英国外交大臣兰斯顿的会谈也充分证实了这一点。两人一边对比日本对朝鲜的统治和英国对德兰士瓦、埃及的统治，一边相互了解，探讨两国在全球范围内的共同利益问题。

随着英日同盟的缔结，由义和团运动引发的东亚紧张局势有所缓和，列强的关注点转移到被德国大举入侵的巴尔干和中东地区。英日同盟也将成为促成《英法协约》和《英俄协约》的重要因素。

德国进军中东与《英法协约》
——紧张局势向中东转移

德国的膨胀与《英法协约》

自 1878 年柏林会议之后一直到 1903 年，奥斯曼帝国统治的巴尔干地区都不在列强的重点关注范围之内。1890 年代，俄法同盟成立后，英法德的对外扩张政策主要针对东亚和非洲，巴尔干和中东地区不再上演国际冲突。在这种背景下，俄国和奥匈帝国开始向巴尔干地区进军。1895 年，《地中海协定》到期后，俄国与奥匈帝国于 1897 年签订了《奥俄协约》，约定维持巴尔干半岛现状，不干涉其事务，并在巴尔干开展合作。这样一来，俄国便可以将精力集中于东亚地区，而奥匈帝国内部由奥地利和匈牙利之间的关系引起的混乱局面也得到了控制。然而，该协约并未取得德国的认可。德国威廉二世无视协约，积极向巴尔干和中东地区扩张，威胁英法势力范围。

日俄战争爆发前的近十年间，德国利用俄国的东扩遏制英国势力，使法俄同盟失效，利用英法冲突的时机，在非洲、东亚、南洋开拓殖民地。1900 年前后，德国的注意力再次回到奥斯曼帝国，开始推行扩大利权的政策。在此之前，德国势力在不威胁奥斯曼帝国主权的情况下，持续向帝国内部渗透；德国政府不直接参与对奥斯曼帝国的经济入侵，而是将这些活动全部委托给民间势力。但是，在 1898 年 10 月威廉二世大张旗鼓地访问奥斯曼帝国之后，德国开始公开向中东扩张，这成为德国"世界政策"的一个重要方面。

早在俾斯麦时代的1888年，德国就从奥斯曼帝国获得了修建安纳托利亚铁路的特权，并于次年开工，在1896年实现通车。然而即使是当时正推行"世界政策"的德国也未能立即着手修建通往波斯湾的狭义的"巴格达铁路"。直到1898年威廉二世访问苏丹之后，相关工作才得到推进。1899年12月，德意志银行和工业界取得建设科尼亚至巴士拉的巴格达铁路的权利。由于在资金筹措等方面受阻，直到1903年3月才成立了巴格达铁路公司，取得巴格达至科威特的铁路铺设权及沿线矿山的开采权，与俄国取得的在中国东北修建铁路的特许权相同。虽然之后的铁路建设谈不上顺利，但其他列强受到了极大的威胁。此外，德国还于1903年取得修建从大马士革到麦加的汉志[1]铁路的特许权，并在耶路撒冷设立了德意志巴勒斯坦银行，威胁英国统治下的埃及。

巴格达铁路的建设首先遭到俄国的强烈反对。在维特的主持下，俄国表态："对俄国来说土耳其和中国一样，是不允许他国势力进入的。"巴格达铁路的建设直接威胁到与地中海贸易有利害关系、以中东的天主教徒保护者自居的法国，以及与波斯有利害关系的英国。德国可能通过这条铁路进入波斯湾，对英国来说这意味着对印度的威胁。德国向波斯和阿富汗的经济扩张，是英俄两国共同的担忧。1903年2月左右，英国将注意力从俄国转向德国，开始关注德国的军事力量，也因此不再反对俄国控制连接黑海与地中海的达达尼尔海

---

1. 亦译希贾兹。

峡和博斯普鲁斯海峡。俄国也开始认为将来的敌人不是英国，而是德国和美国。

这一时期，英国的处境十分艰难。虽然南非战争在 1900 年已大致分出胜负，但布尔人的游击战仍在继续，英国伤亡惨重并投入了巨额战争费用。当德国正积极进军中东地区时，英国也必须应对俄国在东亚的扩张。就是在这样的形势下，如前所述，1901 年，德国非正式地再次提出缔结英德同盟。作为缔结同盟的条件，德国要求英国支援奥地利，英德结盟因此失败；如果英国答应该条件，就相当于加入了德奥意的同盟。放弃与德国结盟的想法后，英国开始在东亚尝试与日本结盟，在中东和非洲则向防备德国扩张的法国靠拢。当时，法国在非洲的殖民地摩洛哥也正面临德国的威胁。

19 世纪末，摩尔人（阿拉伯人）建立的阿拉维王朝统治着摩洛哥的原住民，柏柏尔人。具体地说，摩尔人族长被奥斯曼帝国授予"苏丹"称号，进行割据统治。1850 年代以来，阿拉维王朝在列强施压下被迫开国，尝试推行各种改革政策，结果却是越来越依附于英国、西班牙、法国等列强。在此背景下，柏柏尔人不仅排斥外国人，还在各地发起批判本国政府的抵抗运动。由此，民众运动被组织成宗教运动。进入 19 世纪末，法国进一步入侵阿尔及利亚，1900 年 12 月，法国和意大利签订秘密协定，承认法国在摩洛哥、意大利在的黎波里和昔兰尼加享有特权。法国与英国和意大利一同向企图统治柏柏尔人的苏丹提供贷款。但是，这种贷款的稳定性需要国际上的担保。

1903 年，俄国发生屠杀犹太人事件，导致法国的犹太资本撤出俄国，出现了由英国接手俄国外债的可能性，为英国与法国接近创造了机会。当时在东亚，日俄关系紧张，一旦两国交战，英法也有可能被卷入战争，因为法国与俄国缔结了同盟，英国与日本也缔结了同盟。《英法协约》的缔结离不开日本的重要性。

1904年4月，日俄战争爆发后不久，英国与法国签订了《英法协约》，内容包含：关于纽芬兰和西非的协定，关于埃及与摩洛哥的宣言，关于泰国、马达加斯加和新赫布里底群岛的宣言。该协约在全球范围内协调了英国和法国的利益，最重要的是承认了英国在埃及的利益和法国在摩洛哥的利益。这是一项无视当地民众利益的真正意义上的帝国主义政策。

巴尔干与东亚：马其顿、中国东北和朝鲜

1903年，奥斯曼帝国境内的马其顿地区爆发大规模起义，成为保加利亚、塞尔维亚和希腊争夺之地。1893年成立的马其顿内部革命组织主张建立"马其顿人民的马其顿"，持续开展运动，在1903年8月发动了反抗奥斯曼帝国的伊林登起义。虽然准备不够充分，但起义仍蔓延至整个马其顿地区。起义军在西南部的克鲁舍沃宣布成立共和国，但存在时间很短，最终被奥斯曼帝国军队残酷镇压。

在此期间，奥斯曼帝国再次引起列强的关注。奥匈帝国和俄国介入，并在1903年10月迫使奥斯曼帝国接受改革马其顿内政的"米尔茨施泰格计划"，要求改变穆斯林优先的行政和司法制度，改变行政区划以反映各民族的情况。这与日本和清朝试图让朝鲜改革的做法是相似的。

尽管如此，列强并没有对马其顿问题进行大规模干预。关于"米尔茨施泰格计划"，德国视其为对奥斯曼帝国苏丹主权的过度干涉，因此不予支持；英国也认为这个计划不够完善。因此，该计划并没有真正被实施。此时，比起马其顿地区，列强更关心的是中东地区。

另外，日本外务省对马其顿问题的关注也是空前的。从 1903 年开始，每年外务省都会收到一份关于巴尔干地区，特别是马其顿局势的详细报告，题为《巴尔干冲突》。巴尔干地区在明治时代的日本外交中占据独特地位。对此，据 1896 年至 1905 年间担任驻维也纳公使的牧野伸显（大久保利通次子）回忆："从当时日本的立场来看，如果巴尔干半岛出现问题，俄国作为斯拉夫人的保护者，将发挥主导作用。这正是日本所期望的事情，因此我们需要准确掌握巴尔干半岛的相关信息。"也就是说，要想了解列强在东亚的动向，就必须先了解巴尔干的局势。这正是世界史的"联动"。

以德国的殖民扩张为契机，英法缔结协约，地中海的紧张局势暂时平息。在另一边的东亚，围绕朝鲜和中国东北，日俄两国的对立正在形成。

一方面，俄国虽然受到英日同盟的冲击，但是在中国东北已经拥有铁路特许权和租借地，并不会轻易撤离。相反，俄国推行"新路线"政策，通过增强在东亚的兵力来避免战争。1902 年，义和团事件平息后，俄国迫于国际压力签订了《中俄条约》，承诺归还中国东北，却并未完全履行。1903 年 4 月，俄国向清朝提出七项要求作为撤军的条件，包括不得将中国东北割让给其他国家。这遭到了英美日的强烈反对和清朝的拒绝,但俄国仍坚定推行"新路线"政策。

另一方面,日本出于贸易和投资方面的考量,同意英美在长城以南的中国推行"门户开放"政策,在长城以北的中国东北地区和朝鲜,则寻求建立军事、政治据点,以保障本国安全。外相小村寿太郎担心俄国在中国东北建立势力范围,因此要求这个地区实施"门户开放",朝鲜则是日本的"第一道防线",要努力确保其安全。比斯利列举了小村1903年6月的备忘录内容,以便说明这一时期日本的立场。该备忘录是小村在6月23日的御前会议上提交的意见书,其中包含:"《日俄协约》提案",尊重"清韩两帝国的独立和领土完整",并维持各国在两地的"机会均等","俄国承认日本在朝鲜的主要利益,日本承认俄国在中国东北的铁路管理特权",以及"俄国承认,为朝鲜的改革和善政提供建议和援助是日本的专属权力"。

在之后与俄国的谈判中,俄国虽然于9月承认了日本在朝鲜的利益,但也迫使日本承认不得将朝鲜领土用于战略目的,以及中国东北及其沿海"完全在日本的利益范围之外"。此后谈判继续进行,但没有取得任何进展,到11月日本已经放弃谈判,开始为战争做准备。日本国内舆论也支持对外强硬政策。1904年1月,俄方提出《日俄同盟案》,但日本已下定决心发动战争。2月,俄国又提出了另一个妥协方案,但该方案未能送达日本。[1] 比斯利认为,日俄两国在这一阶段关注的是超出"势力范围"概念的"安全"和统治问题。

---

1. 关于俄方询问是否可以避免战争,可以参见和田春树编《俄罗斯史》(2002,山川出版社)。关于日俄两国在此期间的协商,详见高桑驹吉《最新世界历史》(1910,金刺芳流堂)。——作者注

1903年，非洲、中东和东亚都处于紧张局势之中，但最终爆发冲突的地区是东亚。英法通过签订《英法协约》达成妥协，在非洲和中东建立了平衡，紧张局势因此回到东亚。此时的东亚并非是一个民众运动导致政权动摇的地区，而是在紧张局势缓和期间列强冲突加剧的地区。

日俄战争时期的世界
——紧张局势向东亚转移

"代理人战争"之日俄战争

1904年2月6日,日本开始攻击驻朝俄军,9日占领了宣布中立的朝鲜首都汉城(今首尔),俄国在这一天对日宣战,日本也在10日正式对俄宣战,日俄战争爆发。日本首先控制了朝鲜,通过在23日迫使朝鲜签订《日朝议定书》,并接受日本在内政上的"忠告",迈出了将朝鲜划为"保护国"的第一步。在控制了朝鲜之后,日本于5月在中国东北与俄国全面开战。1904年8月,日俄战争中的旅顺攻防战打响。次年1月,日军攻陷旅顺,继续向奉天进军。5月,俄国波罗的海舰队在日本海海战[1]中败北,至此,战争胜负已成定局。

战争使双方都付出了惨重代价。俄国方面,1905年1月,旅顺被日军占领,1月22日俄国发生"流血星期日"事件,引发了1905年革命,削弱了俄国的战斗力;5月,波罗的海舰队溃败;6月,黑海舰队的"波将金"号发生水兵起义。日本方面,依靠外债的战争费用严重匮乏,到1905年春,战争难以为继;3月,陆军参谋总长山县有朋在写给首相桂太郎和外相小村的《政战两略概论》中指出,日本陆军的持续作战能力已经接近极限,应考虑讲和。1905年1月至3月,日

---

[1]. 亦称对马海战。

俄双方的战斗力都濒临极限。

在战争中，日俄双方均依靠英法等列强提供的战争经费，法国担心俄国陆军力量崩溃，英国担心日本军事力量下降，美国则担心日本过度向东亚扩张，因此都不希望战争再继续下去。法国早在1904年12月就开始促进讲和，最终在1905年2月至3月的奉天会战之后告知俄国，"无论在精神上还是物质上，法国都无法再坐视不理"。日本海海战之后，美国的报纸也明确建议讲和，原本支持俄国进军东亚的德国也转变为和谈促进派。由于列强的入局，日俄战争就不再是两个国家之间的战争，而是一场世界战争。最终，战争牵涉利益较少的美国出面调停，于6月达成停火协议。

日俄战争是一场入侵他国领土并对其展开争夺的战争，是以朝鲜和中国为战场的战争。通过这场战争，日本侵犯朝鲜的主权和领土，并迫使俄国承认朝鲜为日本的保护国。从世界范围来看，这与美国和西班牙争夺古巴的战争相似。

日本方面从1904年7月就开始研究讲和的条件。外相小村提出的议和条件主要有四点：一是为维护朝鲜的独立和保卫日本的安全而保全中国东北；二是扩大日本在中国东北、朝鲜和俄国沿海地区的利益；三是为保护日本在中国的利益建立基础；四是扩大日本在朝鲜和中国东北的权利。这还不包括赔款和领土割让等条件。日本为了让这些条件得到满足，于8月10日在美国朴次茅斯举行的和谈会议上进行了激烈的外交谈判。

1905年9月5日签订的《朴次茅斯和约》承认朝鲜为日本的保护国。俄国"承认日本在朝鲜享有政治、军事和经济上的特殊利益"，

"承诺不妨碍或干涉日本帝国政府在朝鲜采取必要的指导、保护和监督措施"。另外,按条约规定,俄国军队将撤出中国东北,在获得"清朝政府的批准"后,将旅顺、大连的租借权转让给日本,以及承认将长春和旅顺之间的南满铁路及附属地转让给日本,并将萨哈林岛南部的主权转让给日本。该条约基本满足了小村提出的议和条件。

不过,日本通过议和没有得到任何赔款,获得的领土也仅限于萨哈林岛南部。在罗斯福的建议下,日本放弃了赔款。俄国强烈反对割让萨哈林岛全岛。英美媒体详细报道了谈判过程,日本国内的报道掀起了对议和不满的强硬舆论。但对日本政府和军队来说,这样的谈判结果已经相当不错,因为日本没有继续作战的实力。通过这次议和,日本获得了对朝鲜的统治权,并成功将中国东北南部纳入势力范围。为议和作出牺牲的并不是参与战争的日本或俄国,而是朝鲜和中国。

为统治朝鲜,侵占中国东北地区,日本实施了周密的计划。1905年4月,英日谈判开始,8月朴茨茅斯和谈开始后不久就签署了《第二次英日同盟条约》,条约适用范围从朝鲜和清朝扩展到东亚和印度,同时英国承认日本有权"在朝鲜采取正当和必要的指导、监督和保护措施",日本也承认英国在印度的"特殊利益"。这样一来,英国便承认了日本对朝鲜的保护权。同时期,7月,美国陆军部长塔夫脱和日本首相桂太郎秘密会谈,最终达成《桂太郎-塔夫脱密约》。由此,日本承认了美国对菲律宾的统治,美国也认可了日本对朝鲜的保护权。就这样,日本在美国和英国的支持下与俄国对抗,最终将朝鲜保护国化。另外,关于中国东北,上述《第二次英日同盟条约》在指出"大清帝国领土完整"和经济上"机会均等"的基础上,承认两国在东亚的"领土权"和"特殊利益",默认日本在中国东北地区的利益。

接下来,让我们从世界历史的角度再次回顾日俄战争。

首先,日本取得了对朝鲜的统治权,成功将中国东北地区南部划入势力范围,就这样将这一时代世界史中的列强行为纳为己用。议和谈判的过程被详细记载在《日本外交文书》中,其中维特和小村的交流清楚地表明,日本已经掌握了世界列强的权力政治外交和国际法方面的理论。例如,小村与维特就萨哈林岛相关问题展开了激烈的辩论,双方都使用了柏林西非会议上提出的"先占理论"。

其次,日俄战争是在世界范围内的权力政治背景下发生的"代理人战争"。英国对俄国在东亚的扩张保持警惕,却因为南非战争和其他因素而无法调动军队;法国意图投资俄国的西伯利亚大铁路,从中获利;德国为向中东地区扩张而鼓励俄国向亚洲扩张。换言之,日本和俄国是这些列强的"代理人"。可以说,没有法俄同盟和英日同盟,就不可能发生日俄战争。而由此产生的《朴茨茅斯和约》便是当时国际关系的一个产物。英美两国担心日本独占中国东北,法国担心俄国财政崩溃,德国担心俄国军事力量被摧毁,各国出于这些考虑,提出了议和的要求。小村等人克服来自日本国内的巨大阻力,接受议和,可以说他们相当准确地掌握了当时的国际形势。

第三,就日俄战争本身而言,在战争发生地区的民众看来,日俄双方随意在他国领土上开战,并通过分割他国领土和利益来结束战争,其性质与侵略战争并无差别。当各民族无法联手对抗列强时,便会相互打压,力图占据更高的地位。这与19世纪初巴尔干地区各民族之间的争斗如出一辙,日本也由此获得了国际关系中的"大国"地位。日本拒绝了俄国认为清朝也应参加议和的提议,也没有回应清朝就战争造成损失提出的赔偿要求。

最后,针对日俄战争,世界各国人民发起了批判和反对战争的运动,具有划时代的意义。在日本,早在开战前,幸德秋水等社会主义者、内村鉴三等人道主义者就已经提出非战论,反对对外强硬运动。曾师从中江兆民的幸德早在1901年义和团运动结束时便写下《二十世纪之怪物——帝国主义》一书,特别讲述了南非战争和美国对菲律宾的入侵,批判了"爱国主义""军国主义"和"帝国主义"。1903年,幸德等人组建平民社,当时的成员山口义三也在同年出版的《破帝国主义论》中,以英美德为中心,对帝国主义进行了强烈批判,并在附录中增加《驳斥开战论》,主张任何国家都没有"侵略世界的权利"。日俄战争爆发后,《平民新闻》于1904年2月刊登题为《战争结果》的论文,批评战争带来的经济负担和军国主义的横行,指出战争对老百姓毫无益处。4月,该报还刊登了堺利彦、幸德秋水的《致俄国社会党书》。在俄国,社会民主工党和以农民社会主义为目标的党派(社会革命党)呼吁与日本社会主义者团结一致,主张非战论,社会民主工党还在《火星报》介绍了片山潜写给一家法国报纸的非战论。片山出席了8月在阿姆斯特丹举行的第二国际第六次代表大会,呼吁俄国代表普列汉诺夫等人与社会主义者联合反战。呼吁非战、反战是当时的世界史动向之一,日俄战争是在无视这些呼声的情况下发生的。

在同一时期,日俄战争对俄国和日本周边各国产生了重大影响。这也是日俄战争的影响在世界史中的体现。

日俄战争的影响

日俄战争期间，为了将帝国内包括波兰人在内的各民族人民派往中国东北，也为了实现国内融合，俄国放宽了宗教和审查制度。再加上战争期间发生了 1905 年革命，沙皇为平息事态，于 1905 年 10 月发布《十月诏书》，承诺开设议会（杜马）。在此背景下，被俄罗斯帝国吞并的芬兰和波兰爆发了要求独立和建立议会的运动。

在被并入俄罗斯帝国的波兰王国，出现了利用日俄战争争取独立的运动。日俄战争期间，在 1904 年 7 月，社会党领导人毕苏斯基来到日本，尝试建议日本劝降并联合战场上的波兰士兵。然而，该计划没有取得成功，不仅是因为波兰国家民主党人德莫夫斯基的牵制，也因为日方认为这么做对日军没有任何助益。后来，俄军在中国东北陷入苦战和败战的消息传到波兰，导致波兰人民厌战情绪高涨，各地罢工事件频发。11 月，社会党在华沙举行武装示威，引发了 1905 年 1 月的圣彼得堡"流血星期日"事件。在该事件和旅顺陷落的刺激下，1 月至 2 月期间，华沙等地爆发争取独立的大规模工人罢工。6 月，在仅次于华沙的第二大城市罗兹，工人以军队为对象进行了为期三天的武装抵抗。最后，沙皇颁布《十月诏书》，波兰获准加入议会（杜马）。

在同样被并入俄罗斯帝国的芬兰，也不断兴起寻求自治和独立的运动。日俄战争爆发后，在从俄国前往瑞典的日本公使馆陆军武官明石元二郎的游说下，甚至出现了日本向反沙皇运动提供资金的情况。日俄战争结束后，1905 年 1 月至 11 月，继俄国大罢工和《十月诏书》之后，芬兰也爆发大规模的罢工运动。最终，芬兰在 1906 年成立了自己的国民议会。

日俄战争对巴尔干地区的局势也产生了微妙但重要的影响。日本对巴尔干与东亚之间的关联进行了细致观察,并在外交政策上作出了敏锐的反应。据日本观察,1903年伊林登起义后,巴尔干地区本由俄国和奥匈帝国共同管理,但随着俄国在东亚开战,其力量无法再集中于巴尔干地区。这对奥地利来说不见得是一件坏事,但奥地利更担心巴尔干地区各民族以日俄战争为契机制造混乱,特别是马其顿和保加利亚。不过,日俄开战后,保加利亚无法获得俄国的支援,预计不会在马其顿问题上采取积极行动。日本期待在日俄战争的背后发生巴尔干动乱,从而将俄国的军力分流到巴尔干地区,但最终并未如愿。

还有一个重要运动,外交文书中没有提及。1890年左右,"青年土耳其人"在伊斯坦布尔发动反专制立宪运动。其势力在被镇压后分散到巴黎等海外地区,但在1906年9月,受日本在日俄战争中的胜利、俄国1905年革命和后述伊朗革命的影响,在塞萨洛尼基以青年军官为中心,成立了新组织"奥斯曼自由委员会"。

在中东,1891年至1892年,伊朗爆发了烟草抗议运动等反对英国殖民扩张的民众运动。此后,阿富汗尼等泛伊斯兰主义者领导的反专制运动日益高涨,受日本在日俄战争中的胜利和1905年俄国革命的影响,反抗卡扎尔王朝专制政治的运动愈演愈烈。日俄战争导致伊朗从俄国进口的物资(特别是砂糖)减少,价格飙升。1905年12月,以对此感到不满的商人和低级神职人员为中心,伊朗民众在德黑兰举行了大规模的反政府集会。集会遭到军队镇压,两千名商人和其他群体的民众涌入清真寺,表示抗议。1906年7月再次发生大规模抗议。

最终，国王（沙阿）于 8 月发布了立宪诏令，12 月颁布宪法，开设议会。这部宪法被誉为亚洲最早的民主宪法，积极吸纳了法国人权宣言的精神，主要参照比利时宪法（被誉为立宪主义的经典表达）编纂而成。如前文所述，这场立宪革命也鼓舞了奥斯曼帝国内的青年土耳其人的运动。

受日本在日俄战争中取胜的刺激，印度国民大会党的尼赫鲁等人发起反抗运动，抵制英印总督寇松于 1904 年发表的《孟加拉分割方案》。越南受到了更直接的影响。1905 年，为了让越南脱离法国统治，潘佩珠前往日本求援，在此期间接触到中国的革命运动和日本民间的亚洲主义者，回国后便发起了赴日留学运动，即"东游运动"。该运动最终被 1907 年的《日法协约》终结。

最后，在中国，虽然清朝在日俄战争中宣布"局外中立"，但中国作为战争发生地，必然损失惨重。况且，战后议和并没有规定任何对中国的赔偿，只是将俄国在中国东北的利益转让给了日本。中国更加确信，为了夺回权利必须使国家强大起来。因此，1905 年清朝派五大臣出洋考察各国宪政，研究日本、北美、欧洲的立宪制度。清朝从 1906 年开始对中央行政机构进行改革（宣布"预备立宪"）。这一时期，中国一方面要向日本夺回本国的利权，另一方面，日本也是值得中国学习的对象。众所周知，在朴次茅斯议和之前的 1905 年 8 月，孙中山在亚洲主义者宫崎滔天的支持下，在东京成立了中国同盟会。

日俄战争使俄国和日本周边地区的民众对立宪制度充满期待。就日本周边国家的民众而言，除了对立宪制度的期待以外，日本的胜利还使他们希望得到日本的支援，实现独立。然而，日本却没有支援独立运动，反而加入了全球性的权力政治斗争。"大国民"意识逐渐在日本兴起，日本民众开始认为必须完成"大国民在世界上的任务"。

随着日俄战争的结束，列强在东亚的对抗也暂时告一段落，一边以相对安静的方式继续在东亚谋取利益，一边在巴尔干和中东地区，也就是地中海世界寻找新的对抗舞台。德国的行动与此相符。

德国的挑战与《英俄协约》
——紧张局势向中东转移

德国的挑战——摩洛哥事件与中东铁路

在日俄战争爆发前,俄法德之间达成了"远东归俄国,近东归德奥"的反英妥协。德国利用俄国在东亚的扩张,在英俄之间保持自由立场,同时成功孤立了英法。然而,俄国的战败动摇了德国的有利地位。德国不得不尝试打破僵局,第一步就是进军摩洛哥。摩洛哥原本在德国的"世界政策"中并不重要。从 1880 年代开始,德国虽然在经济上入侵摩洛哥,但德皇(威廉二世)对摩洛哥的领土并不感兴趣,要求保证"门户开放"即可。即使《英法协约》的本来目的及秘密条款在 1905 年年初被揭露,德皇也没有改变态度。最后,由于国内扩张主义呼声高涨,在心腹冯·比洛的建议下,考虑到俄国的失败导致俄法同盟动摇,德皇决定采取行动。

1905 年 3 月,日俄战争接近尾声,威廉二世到访摩洛哥丹吉尔港,会见摩洛哥苏丹,宣布承认摩洛哥独立。此时德皇并没有表现出要侵占摩洛哥领土的野心,只是主张维护德国的经济活动。当《英法协议》授权的法国对摩洛哥的统治(通过苏丹实现统治)引起当地柏柏尔人的不满时,德国才开始进军摩洛哥。法国在英国的支持下,甚至准备与德国开战,英国也考虑了发生战争的可能性。面临所谓的"第一次摩洛哥危机",最终双方并没有动用军事力量,法国和英国于

6月在西班牙的阿尔赫西拉斯召开国际会议，遏制了德国的行动，迫使其承认法国对摩洛哥的统治。从1905年7月开始，德国必须应对德属东非的马及马及起义，因此无法继续深究摩洛哥问题。可即使排除了德国的干预，法国也没能稳固对摩洛哥的统治。柏柏尔人的起义持续不断，到1907年，法国不得不向卡萨布兰卡派兵。

德国的另一个目标是中东地区。在1903年，德国获得了修建大马士革至麦加的汉志铁路的特许权，并在耶路撒冷设立了德意志巴勒斯坦银行。1906年，德国又在开罗设立德意志东方银行，威胁到英国在埃及的利益。同年，汉堡—美国航线在波斯湾与英国形成竞争。此举关系到英国和俄国的利益。1906年以后，德国正式开始修建巴格达铁路，并试图通过向伊朗提供贷款来确保在波斯湾的利益。德国对伊朗的经济侵略已经显而易见。

就这样，英国长期以来在中东的利益开始受到德国的威胁。当时战败的俄国也开始将注意力从东亚转向中亚、中东和巴尔干。于是，英俄大范围接触的局面再次出现。俄国意识到，虽然英国忌惮俄国对中东和中亚的影响，但英国真正害怕的是德国。这是因为俄国只向这些地区出口矿物和砂糖，英国并不抵触；德国则试图通过出口金属和化工产品，将英国赶出中东和中亚。因此，英俄两国在这两个地区的利益并不冲突。此外，俄国忌惮英日同盟，为了不让英国明确支持日本，愿意与英国和解。英国也早在日俄战争之前就注意到俄国没有采取敌对行动。

与日本相关的《英俄协约》——大博弈结束

1905年年中,英俄开始建立新的关系。俄国在日俄战争中战败后,德国于1905年7月就缔结德俄同盟的可能性进行了试探(签订《比约克密约》)。俄国考虑到英日同盟将在8月续约,决定修复与英国的关系。其中一个举动是请求英国提供贷款,以弥补国家财政亏损,另一个举动是答应就有关伊朗、阿富汗和中国西藏的问题与英国展开外交谈判。英国方面,因俄国在1905年10月通过颁布《十月诏书》实现了民主化,国内不再抵触与俄国拉近关系。两国已经为大博弈耗费了巨额资金。英国除了应对南非战争(45万人),还必须向英印军增派至少50万兵力,来应对俄国在中亚的扩张。俄国也因日俄战争而国库空虚。

俄国在日本海战败后,立刻向英国提出,仿照《英法协约》开启谈判。1905年9月,英国向俄国出示了第二次英日同盟的文本,这标志着英俄开始接触。不过,直到1905年"第一次摩洛哥危机"爆发之后,英俄之间的外交谈判才正式开始。在摩洛哥事件中,英国在《英法协约》下支持法国对抗德国,面临的问题是如何在俄法结盟的前提下处理与俄国的关系。在这种情况下,英俄之间的妥协谈判于12月开始,最终于1907年8月缔结《英俄协约》。

1906年6月,俄国外交大臣伊兹沃利斯基与英国驻俄大使尼科尔森开始谈判。一直以来互相敌视的两个国家都为控制国内舆论耗费了时间和精力。1905年开始的伊朗立宪革命延缓了谈判进程。1907年,德国试图通过向伊朗提供贷款来获得铁路特权的举动迅速拉近了英俄之间的距离。谈判中，在阿富汗问题和伊朗问题上，两国的利益难以协调，但1907年7月签署的《日俄协约》为达成《英俄协约》扫清了最后障碍。第一次签订的《日俄协约》在尊重《朴茨茅斯和约》和其他条约，承认中国的独立和领土完整的基础上，在秘密条约中将中国东北地区的南部和北部分别划入日本和俄国的利益范围，还确认俄国和日本分别在外蒙古和朝鲜享有特殊利益。对俄国来说，《英俄协约》是对《日俄协约》的补充。换句话说，通过这两个协约，俄国在中国（包括外蒙古）、阿富汗、伊朗等地的权益得到了确认。英国也希望东亚的和平能让俄国把精力集中在欧洲。事实上，日本曾向英国报告日俄谈判的情况，3月，驻英国大使小村向英外相格雷说明了日俄谈判的进程，格雷也向小村说明了英俄谈判的经过，并提到希望"同时推进协约的签订"。此外，《日俄协约》也得到了法国的大力支持，因为缔结了《英法协约》的法国希望英俄之间能签订协约，而《日俄协约》是签订《英俄协约》不可或缺的条件。

1907年8月，伊兹沃利斯基和尼科尔森签署了关于中国西藏的协定、关于伊朗的协定和关于阿富汗的协定。这些文件于9月获得批准，组成了《英俄协约》。和对中国东北地区的处理方式一样，该协约在伊朗的南部和北部分别划出了英俄的势力范围，俄国承认英国在阿富汗的地位，两国约定不干涉西藏事务。另外，在协定条约之外，俄国承认英国对波斯湾的控制，英国承认俄国在黑海海峡问题上的自由。至此，长期以来大范围对立的英国和俄国达成妥协，大博弈终于落下帷幕。

《英俄协约》与一直"效率低下"的俄法同盟结合，作为"三国协约"发挥作用，建立了一个全球性的帝国主义体系。与德奥意三国同盟相比，英法俄的三国协约是放眼全球的帝国主义协定。俄国在英法资本——"革命镇压费"的援助下，开始对1905年革命进行反击，英法俄势力范围内的民众运动都遭到镇压。清朝未对《英俄协约》作出回应，阿富汗和伊朗则拒绝接受"未经协商"就订立的协约。事实上，《英俄协约》使俄国得以进行干预，终结了伊朗立宪革命，巩固了沙阿的权力。

英法俄达成妥协，这意味着大国之间的紧张关系将转移到非洲和中东以外的地区，也就是被民众运动影响的巴尔干地区。但在探讨这个问题之前，我们必须先了解亚太地区的情况。当列强将国际政治上的注意力转移到地中海和中东时，在亚洲和太平洋地区，民众运动被镇压，一场"无声"的侵略正在稳步进行。

"联动"的列强协约

1905年，日俄战争的结果在没有列强干预的情况下具体化。《朴次茅斯和约》签订后，日本立即实施对朝鲜的控制。在日俄战争期间，通过1904年8月缔结的《第一次日韩协约》，日本从朝鲜获得了财政和外交顾问的任命权；朴次茅斯议和后，又于1905年11月17日签订《第二次日韩协约》（《日韩保护条约》），剥夺了朝鲜的外交权，使其成为保护国，并设立"统监"（第一任统监是伊藤博文）。尚不清楚"统监"这一概念从何而来，同年4月，日本曾表示将在朝鲜设"驻札官"，10月27日在内阁会议提出的条约草案中出现的则是"统监"

（常驻将军）。可能因为朝鲜还不是殖民地，所以不能设置"总督"。总之，朝鲜掀起了一场反对统监统治的义兵运动。在此背景下，高宗于1907年6月派密使出席在荷兰海牙召开的万国和平会议，主张《日韩协约》无效，控诉日本的不正当统治。日本迫使高宗退位，于1907年7月签订《第三次日韩协约》，加强了统监对朝鲜内政的干涉权，并解散了朝鲜军队。至此，日本事实上实现了对朝鲜的吞并。

日本对朝鲜的统治得到了英国和法国的同意。在1905年8月签署的《第二次英日同盟条约》中，英国承认日本为了维护其在朝鲜的特权，可以采取"指导、监督和保护措施"。《日法协约》与《日俄协约》《英俄协约》同时起草，于1907年6月10日签订，实际上承认了法国将印度支那、日本将朝鲜纳入势力范围，承认日本对朝鲜的统治。尽管如此，俄国并没有轻易承认朝鲜是日本的保护国。

关于中国东北，朴次茅斯议和之后不久，1905年12月，日本与清政府签订《日清协定》[1]，迫使清政府承认日本在东北地区的经济权益，包括占领南满铁路，取得矿山和林业特权，以及设立租界等。1906年9月，日本政府设立关东都督府，并在11月成立南满洲铁道株式会社（满铁）。关于俄国的态度，如前所述，日本于1907年7月与俄国签订了《第一次日俄协约》，承认了日本在朝鲜和中国东北南部、俄国在外蒙古和中国东北北部的特殊利益。日本和美国也于1908年11月30日签订《卢特-高平协定》，约定尊重对方的"领地"，美国承认日本在朝鲜和中国东北的利益，相应的，日本承认美国在菲律宾

---

1. 即《中日会议东三省事宜条约》，日本称《满洲善后协约》。

和夏威夷的利益。英美都提倡门户开放、机会均等,以求在中国东北扩张势力,但由于英俄在全球范围内加强合作,所以只有美国与日俄对抗。尽管如此,美国并没有对日本在朝鲜的统治提出过任何异议。美国最担心的是日本会向菲律宾扩张。

另外,日俄在1907年的协约谈判中讨论到《朴茨茅斯和约》未明确规定日本与朝鲜的关系,日方告知俄方将来有可能会吞并朝鲜。换句话说,日本曾告知俄国,考虑到日朝关系将来的发展,《朴茨茅斯和约》承认的日本在朝鲜的"必要的指导、保护和监督措施"也包括"吞并"。对此,俄国外交大臣伊兹沃利斯基表示,他本人和俄国政府对吞并没有异议,前提是日本要保证俄国在蒙古地区的特殊利益,也就是说,同意并不是无条件的。

总而言之,日俄战争之后,日本选择以亚洲各民族为垫脚石,加入列强,实践帝国主义时代的世界史潮流。

1891年至1894年间俄法同盟成立,1902年英日同盟缔结,列强之间的同盟关系由此实现"联动"。英日同盟促成了1904年的《英法协约》。1905年,日俄战争结束后,在法俄同盟、英日同盟和《英法协约》存在的前提下,《桂太郎-塔夫脱密约》达成。1907年,《英俄协约》《日俄协约》《日法协约》同时签订。通过这种方式,列强之间的协约关系也"联动"起来。日本在构筑列强之间的协约关系中发挥了重要作用,如果仅仅将这一时期列强的动向看作三国同盟与三国协约之间的对抗,则无法发现这一点。

在这种协约体系下形成的国际关系惯例是,列强根据"有效统治""势力范围"和"利益范围"原则,无视当地民众意愿,随意瓜分世界。英日同盟对这一惯例的形成起到了极大的推动作用。从日俄的谈判可以看出，从"势力范围"到"吞并"仅一步之遥。如果没有"势力范围"的概念，协约体系则无法建立。早在1902年，英国的霍布森就批判这些概念是"掩盖事实和侵略"的术语。

列强建立协约体系的基础，是对民族意识逐渐觉醒的当地人的残酷压制。这一时期，虽然在世界各地都掀起了反抗帝国主义列强统治的运动，但是除了少数社会主义国际组织外，大部分运动都是孤立、分散的，无法与"联动"的列强抗衡。

1904年至1907年，以非洲和中东的紧张局势为契机，英法俄为对抗德国达成妥协，日本也被卷入。列强似乎就是通过各种协约"组织"世界，镇压各地的民众运动，从而稳定帝国主义统治。然而，在列强无法完成组织的地方，协约体系逐渐崩溃。日俄战争之后非洲和中东的国际局势有所缓解，这意味着列强之间的紧张关系将转移到其他地区，且必然又是一个被民众运动所撼动的地方。这个地方正是巴尔干半岛。

两次吞并
——紧张局势向巴尔干转移

吞并波斯尼亚和黑塞哥维纳

在 1878 年的柏林会议上，虽然奥匈帝国在波斯尼亚和黑塞哥维那两州的行政权得到承认，但统治两州并非易事。民众强烈反对征兵，要求实行土地改革。与此同时，在重返巴尔干的俄国的支持下，塞尔维亚也表现出了吞并两州的意图。

1908 年 4 月，奥匈帝国主管两州行政的财政大臣布里安提议，为了地区的稳定，必须完成吞并。外交部长埃伦塔尔认为，国际形势不利于立即实行吞并。7 月，奥斯曼帝国的青年土耳其党人发动革命，以恩维尔帕夏为首的"统一进步委员会"呼吁两州民众派代表参加制宪会议，威胁到奥地利对两州的统治。埃伦塔尔借此机会，在 8 月份的阁僚会议上获准吞并两州。

奥匈帝国需要为吞并创造一个有利的国际环境。自 1897 年以来，奥匈帝国与俄国关系缓和，留有合作的余地。俄国希望在巴尔干以有利条件解决海峡问题，奥地利希望确保对两州的统治。在此背景下，1908 年 9 月，伊兹沃利斯基和埃伦塔尔在摩拉维亚的布赫劳会晤，双方达成口头协定：如果俄国在奥地利吞并两州时表示支持，那么在国际会议中谈到巴尔干的海峡问题时，奥地利也将支持俄方。然而在 10 月，奥匈帝国在通知保加利亚公国支持其独立后，突然向德国、英国、俄国和土耳其等柏林会议与会国通报了吞并决定。10月6日，奥匈帝国皇帝弗朗茨·约瑟夫一世就此发表了宣言。

那么，从世界史的角度来看，"吞并"的想法从何而来呢？一国在和平时期吞并另一国，这在19世纪的世界史上实属罕见。首先想到的，是1898年美国对夏威夷的吞并。不过，这可以理解为美西战争期间的"战时"行为。如前所述，在1907年的日俄谈判中，日本提到了对朝鲜的吞并，只是当时并没有实现。因此，奥匈帝国对波斯尼亚和黑塞哥维那的吞并可能是第一次发生在和平时期的吞并。虽然并非受到日俄谈判的影响，但可以说，"吞并"的概念几乎是在同一时期出现的。不仅圈定势力范围，甚至无视当地民意，擅自吞并他国领土，这自然会引起当地民众的反抗。因此，在巴尔干地区，民众运动以列强无法控制的形式蔓延开。

奥匈帝国吞并两州之后，迎来了一场国际政治危机，即"吞并危机"。奥斯曼帝国的愤怒自不必说，塞尔维亚也增强军备并要求获得领土赔偿。俄国的伊兹沃利斯基以不惜发动战争的态度，要求列强召开有关海峡问题的国际会议。英国认为《柏林条约》已被破坏，在知道吞并伴随着保加利亚的独立后，对奥地利进行了严厉的批判。就连同盟国成员德国和意大利也表示震惊和不满，尤其是德国，称"此前在土耳其做出的努力已化为泡影"。然而，从愤怒中清醒过来后，列强发现奥地利吞并两州不过是对既定事实的确认，海峡问题却是不可触及的。因此，俄国要求召开的国际会议未能举行。在大国的劝说下，塞尔维亚也于1909年3月承认了吞并事实，暂时化解了吞并危机。

然而，危机留下了后遗症。尽管吞并两州得到承认，但俄国因为列强的抵制在海峡问题上一无所获,于是对奥匈帝国采取了强硬政策,终结了两国之间自1897年以来的"关系缓和"。与此同时,奥地利在吞并两州后,与德国的盟友关系变得更加紧密。至此,三国同盟和三国协约的对立最终形成。从这个意义上说,此次吞并是导致第一次世界大战的远因之一。

从另一种意义上,也可以说吞并两州间接造成了世界大战。1908年7月,在布拉格召开的斯拉夫各民族大会提出"新斯拉夫主义"口号,倡导各民族团结,吞并事件却让这些举措付之东流。奥匈帝国吞并两州后,波斯尼亚和黑塞哥维那以及塞尔维亚出现了各种民族组织,吸引了大批青年。两州的青年在1908年组成"青年波斯尼亚"团体,传播反哈布斯堡民族主义思想,同时也孕育了恐怖主义思想。在邻国塞尔维亚,1908年成立的秘密组织"民族防卫"(Narodna Odbrana)号召国内外塞尔维亚人加入武装斗争。1911年,同样在塞尔维亚王国境内,秘密组织"统一或死亡"(俗称"黑手")成立,试图通过革命斗争实现两州的统一。"统一或死亡"在1912年左右开始接触"青年波斯尼亚"的成员,经过1912年至1913年的两次巴尔干战争,该组织进一步壮大,并开展了一系列恐怖活动,引发了后来的萨拉热窝悲剧。

对奥匈帝国来说,吞并两州本应给动荡的巴尔干地区带来安定,现实情况却恰恰相反。与此同时,东亚地区也发生了新的吞并。

吞并朝鲜——在吞并两州的背后

在巴尔干吞并危机的掩护下,日本镇压了一场义兵运动,于1910

年8月吞并了朝鲜。这是在欧洲出现吞并危机之后悄悄进行的，没有引起列强的特别关注。吞并两州和吞并朝鲜之间并非毫无联系。奥匈帝国吞并两州之后，遭遇外交失败的俄国为了避免在东亚重蹈覆辙，对日本采取了应对措施。不得不说，两次吞并是"联动"的。

1907年，随着《第三次日韩协约》的签订，日本达成了对朝鲜的"事实吞并"，日本统监伊藤博文即将实现他的吞并构想——以最终吞并为目标，作为过渡，贯彻保护政策，建立自治殖民地，就像"芬兰之于俄国，印度和加拿大之于英国，阿尔及利亚和马达加斯加之于法国"。然而，该计划因朝鲜人民的抵抗而受挫。"渐进吞并论"逐渐被"激进吞并论"取代。

与吞并两州之后的奥匈帝国一样，日本必须应对民众起义。朝鲜民众不愿意接受日本的统治，从1905年春开始开展义兵运动，随着《第三次日韩协约》之后被解散的军队的加入，义兵运动席卷全国。各个阶层都加入了斗争，以儒教道德精神为中心，团结一致地抗击日本。1906年，朝鲜民众还发起了通过言论和出版物抗日的爱国启蒙运动。日本不得不同时采用镇压和怀柔政策，推进对朝鲜的统治。在1908年1月的《汉城发展计划》出台后，义兵斗争仍持续到1909年前后，一度呈现"义兵战争"的态势。

从这些运动中可以看出，伊藤的政策并没有被接受。因此，吞并便成了唯一途径。1909年4月，日本政府内部达成吞并朝鲜的共识。同年6月，在伊藤辞去统监一职后，吞并进程开始加快。7月，内阁作出了吞并朝鲜的决定，明确了"在适当的时候果断吞并朝鲜"的政策。10月，伊藤在哈尔滨被安重根暗杀，但这并未导致日本立即吞并朝鲜。直到 1910 年 2 月，日本政府才执行吞并政策，月底，外务大臣小村向各国通报了吞并朝鲜的意向。接下来的问题是何时吞并，这取决于当时的国际关系。

在此期间，1909 年 3 月，塔夫脱当选美国总统，美国开始策划向中国东北的经济扩张，于同年 12 月向日、俄、英、德、法提出"满洲铁路中立化"倡议。1910 年 1 月，日俄驳回美国的提议，日本政府认为美国是在挑战日本对朝鲜的统治。俄国也不愿让步，并试图通过与日本合作，在东亚取得成果，以弥补此前在巴尔干地区的外交失利。因此，日俄关系变得更加紧密。尽管如此，日本要实施吞并，还是得确认俄国的意向。这将在《第二次日俄协约》的谈判过程中进行。

日本意识到，吞并两州使俄国愈加渴求与日本合作。1910 年 3 月，关于俄国对东亚的关注，日本政府作出了准确判断。"最近东欧发生的事件（吞并两州）使其有必要将更多力量集中在东亚，而美国关于满洲铁路的提议……让其与本国交好的意愿加强，意识到保护与本国之间的共同利益的好处。"基于这样的认识，1910 年 4 月，驻俄大使本野一郎与俄国首相、外交大臣会谈，表明了日本政府吞并朝鲜的方针。早在第一次协约谈判时，日本就提过吞并。此次，外交大臣伊兹沃利斯基认为吞并本身不会妨碍《日俄协约》，首相斯托雷平也认为吞并是不可避免的，只是强调要注意实施吞并的时间。据此，日本政府在 4 月中旬作出了俄国不会强烈反对吞并的判断。7 月，《第二次日俄协约》签订，明确了日俄在中国东北地区的特权。

英国的意向也很重要。英国关心的是吞并会对其与朝鲜缔结的条约产生什么影响，对吞并本身并无异议，只是认为"突然实行吞并"不太妥当。这也是考虑到了奥匈帝国没有事先通知就突然宣布吞并的后果。总之，在5月至8月的谈判中，日本提前取得了英国的同意。

这样一来，吞并朝鲜的国际环境得以建立。从更广的角度看，日本是在吞并两州所引发的危机背后实施了对朝鲜的吞并。1910年8月22日，日本与朝鲜两国签订《日韩合并条约》，8月29日，条约正式生效。

在这之后，亚洲并没有发生"朝鲜吞并危机"。英俄两国事先就同意了日本吞并朝鲜的决定，在吞并结束后亦予以承认。俄国吸取了吞并两州期间在海峡问题上的失败经验，在日本吞并朝鲜时确保了本国在中国东北和蒙古的势力范围。英国对吞并事实欣然接受。德国对有关吞并的通知表示同意。意大利也承认吞并。法国因《日法协约》而无法反对。美国认可"日本在朝鲜实施的多项改革"，同意吞并。各国关心的是，吞并后朝鲜的国民能否维持原有的权利。整体来看，这一时期，各国实际上实施了一种对日绥靖政策。然而，日本只会加强对朝鲜人民的控制，导致义兵运动等民众运动愈演愈烈。

随着日本对朝鲜的吞并，东亚的巴尔干化正式结束。这是欧洲式权力政治在东亚的产物，是这一时期的世界史"潮流"，通过1875年以来日本的侵略举动而在东亚实现了"本土化"。日本作为君主立宪制国加入大国行列，开始参与权力政治。朝鲜被迫接受日本的殖民统治，中国被迫走上半殖民地的道路。因为各国没有实现彻底的民主化和团结，所以贯穿19世纪的非西方国家的巴尔干化未能被阻止。19世纪下半叶，世界史中出现了一个重要动向，中国最终否决了以日本为首的东亚国家所采用的君主立宪制，转而寻求建立共和政体。从亚洲民众的角度来看，第一次世界大战不仅是日本以英日同盟的名义参战，并对中国提出"对华二十一条要求"的过程，也是朝鲜被吞并以来，作为君主立宪制国家的日本对亚洲的控制达到极致的过程，是亚洲巴尔干化扩大和加深到极致的过程。

> **专栏3：从万国史到世界史**
>
> 1890年代以后，世界史在欧美走向衰落。最后一位挑战者是英国的阿克顿勋爵。当出版社提出编写《剑桥近代史》的计划时，他构想的是一部世界史，"突破单纯罗列国家历史的写法，尽可能吸纳跨领域的、普遍的内容"。他主编的《剑桥近代史》从文艺复兴、宗教改革、宗教战争、君主专制和革命等主题描述了时代的特征。然而，他认为"将葡萄牙、特兰西瓦尼亚、冰岛与法国和德国并列会分散人们的注意力"，因此他编撰的历史必须以欧洲大国为中心，不包括亚洲的历史。赫尔德的追随者布克哈特在他的《世界历史沉思录》（1905年出版，原为1868年至1873年的讲义）中将历史视为"一种精神的连续体"，"对过去在精神层面的整体重建"便是世界历史，不符合这一点的民族历史则不属于世界史。如此一来，此前形成的欧洲中心主义世界史进一步得到强化。
>
> 日本仍在继续推崇世界史，1890年代出现了万国史向世界史的转变。首先，作为对过去以西欧为中心的万国史的抵抗，"民族主义万国史"出现了，如中原贞七的《万国历史》、今井恒郎的

《万国史》、大原贞马的《万国小史》等。这是在陆羯南和三宅雪岭等人的影响下，对欧洲文明东扩的反抗，强调亚洲民族（被称为"蒙古人"）的历史贡献。另外还有长泽市藏所著《新编万国历史》，这部作品受到了兰克《世界史》的影响，但长泽认为万国史应该讨论的是"参与整个社会进步，并对塑造当今局势作出贡献的国民"，最终仍停留在以欧洲为中心的文明史上。1900年以后，由于此前的万国史都以西方为中心，因此出现了应该在世界史的概念下重新审视历史的观点。持这种观点的代表作有坂本健一的《世界史》和高桑驹吉的《最新世界历史》。坂本批判"以往所谓世界史或万国史者，地域大抵限于泰西，存在雅利安以外之民非人、欧美以外之地非国的观念"，并称"此书不循前人之辙，妄想并叙古今东西洋之事，以不违世界史之名"。然而，他也许意识到了历史之间的"关联"，所著《世界史》绝不止于"并叙"，而是采用了与箕作麟祥的《万国新史》相同的结构。高桑也曾说过："完整的世界史应始于东西两洋并叙。"他比箕作和坂本更准确地把握了欧亚大陆和非洲的历史，且在论述东亚时结合了日本历史。

尽管如此，这种对世界历史的挑战并没有持续下去。此后，日本的历史著述被固定地划为三类：日本史、东洋史、西洋史。

结语
——本土化的世界史

世界各地在相互"关联"的过程中,以各种各样的形式"互动",使世界历史的主导"潮流"不断蔓延,并按照当地的方式"本土化"。不同地区的历史也因此"联动"起来。本书遵循该逻辑,重新审视了19世纪下半叶的日本历史。

这些主导"潮流"包括军事制度、学术制度、国家和边界的概念、外交和条约的概念、宪法理念(包含选举和议会制度)、民族和民族主义、殖民地分割理论和殖民地统治方式,等等。当然,这并不是全部。这些潮流传到各个地区,为了适应当地的条件接受了"本土化",同时"本土化"的还有"潮流"连带的各种问题。

就日本而言,在甲午中日战争和日俄战争之前的时代,世界历史潮流的本土化体现在国内体制重组上,在此之后则体现在对外行动方面。也就是说,日本逐渐将帝国主义时代的权力政治思维和行为方式纳为己用。

对于本书提出的观点,我猜想至少会出现两种批评的声音。一种是,所谓世界史"潮流"的"本土化",不过是对"欧洲模式"的接纳,也只是一种以欧洲为中心的观点。的确,19世纪的世界潮流似乎都起源于欧洲。然而，仔细想想，这种看似欧洲式的潮流，实际上很多时候是对亚洲动向的一种反应，或者是以牺牲亚洲为代价产生的。例如，工业革命是在亚洲纺织品的威胁下发生的，欧洲民族国家的形成是在亚洲局势持续紧张，欧洲趋于和平的背景下奠定了基础。另外，尽管本书没有充分讨论，但我认为有必要重新思考欧洲议会制度的发展与废除奴隶制、鸦片贸易和殖民统治之间的关系，以及民族主义的产生与列强在东方问题和殖民地上的权力冲突之间的关系。这些潮流虽大多起源于欧洲，但其中一部分即便不是从亚洲反向输入，也是在与亚洲的接触过程中于欧洲形成、转化和加工而成的。可以认为，那些看似欧洲固有的"潮流"是在整个世界的"联动"中产生的。

另一种批评是，本书论述的可能不是"内在的"历史。这种批评体现了一种意识，即纵向的历史是内在的，横向的关系是外在的。我们倾向于认为，某个时代某个地区出现的事（人）是由该地的"纵向"时代背景决定的，而不是由同一时代各地区之间的"横向"关系决定的。至少，我们倾向于将前者视为"内部因素"，而将后者视为"外部契机"。事实果真如此吗？我们习惯于纵向观察历史，在国家历史的框架内观察历史，但这种习惯最多只存在了一百多年。日本史、西洋史、东洋史，或者德国史、法国史、英国史、美国史、俄国史、印度史、中国史等，不都只是历史思考的"一个场域"吗？一个村庄、一个地区、一个国家、一个大区域、一片大陆，也都只是一个场域。如此说来，世界史同样只是一个场域。我们倾向于假设并相信国家历史具有连贯的历史体系，于是便产生了"内在"和"外在"的区别。我们必须将历史"相对化"。

可见，即便是可能预见的最主要的两种批评，其依据也尚待考究。

尽管如此，关于如何将欧洲中心主义和国家历史相对化，近年来的具体理论并不多。先学习国家历史，再转向世界史的路径似乎也不太可能将国家历史相对化。过去，兰克曾暗示过走这样的道路，最终却没能实现。而且，这条道路似乎无法击败以欧洲为中心的观点。"世界体系论"在批判国家历史方面是有效的，但它除了建立了一个强大的"核心"之外，最终仍是一个没有找到发展机会的"静态"理论。随着全球化的发展，此时正是需要世界史的时候。

因此，本书不以某一地为中心，重视世界各地之间的关系，并尝试提出这样一种世界历史观：在"关系"中诞生的时代主导"潮流"向世界各地蔓延，并完成"本土化"。

参考文献

史料集

历史学研究会,2006—2012.世界史史料(全 12 卷).岩波书店.
历史学研究会,1997.日本史史料.岩波书店.
维新史学会,1942—1944.幕末维新外交史料集成(全 6 卷).财政经济学会.
外务省.日本外交文书.国立国会图书馆デジタルコレクション.
外务省,2007.日本外交年表竝主要文书(上).原书房.
明六杂志(上中下).岩波文库,1999—2009 年.
British Parliamentary Papers, Japan, 1, Reports, returns and correspondence respecting Japan, 1856-64, Irish University Press, 1972.
British Parliamentary Papers, Japan, 2, Reports and correspondence respecting Japan, 1864-70, Irish University Press, 1971.
British Parliamentary Papers, Japan, 3, Reports, correspondence, returns and dispatches respecting Japan, 1871-99, Irish University Press, 1971.

辞典类

历史学辞典(全 16 卷).弘文堂,1994—2009 年.
The New Encyclopedia Britannica, vol. 6, Encyclopedia Britannica, 2007.
Encyclopedia of African History, vol.1.2.3, Fitzroy Dearborn, 2005.

日语文献

相澤淳,2010.東アジアの覇権と海軍力//東アジア近現代通史2.岩波書店.

青山忠正,2012.明治維新.吉川弘文館.

秋田茂,2012.イギリス帝国の歴史——アジアから考える.中公新書.

秋田茂,2004.パクス・ブリタニカとイギリス帝国.ミネルヴァ書房.

浅田進史,2011.ドイツ統治下の青島——経済的自由主義と植民地社会秩序.東京大学出版会.

天野為之,1887.万国歴史.富山房.

有山輝雄,2007.陸羯南.吉川弘文館.

有山輝雄,2013.情報覇権と帝国日本1 海底ケーブルと通信社の誕生.吉川弘文館.

飯田洋介,2010.ビスマルクと大英帝国——伝統的外交手法の可能性と限界.勁草書房.

飯田洋介,2015.ビスマルク——ドイツ帝国を築いた政治外交術.中公新書.

家永三郎,1974.植木枝盛選集.岩波文庫.

池田政章,1998.憲法の観念//立教法学(33号).

石井孝,1957.明治維新の国際的環境.吉川弘文館.

石井孝,1962.列強の対日政策//岩波講座日本歴史.岩波書店.

石井孝,1972.日本開国史.吉川弘文館.

石井孝,1975.明治維新の舞台裏(第二版).岩波新書.

石井米雄,桜井由躬雄,1999.東南アジア史1 大陸部.山川出版社.

板垣雄三,1992.歴史の現在と地域学——現代中東への視角.岩波書店.

伊藤定良,1995.「国民国家」体系の成立//講座世界史3.東京大学出版会.

伊東孝之,井内敏夫,中井和夫,1998.ポーランド・ウクライナ・バルト史.山川出版社.

伊藤之雄,2009.伊藤博文——近代日本を創った男.講談社.

井上勝生,2002.開国と幕末変革.講談社.

井上勝生,2006.幕末・維新.岩波新書.

井上寿一,2010.山県有朋と明治国家.NHKブックス.

岩下哲典,小美濃清明,2010.龍馬の世界認識.藤原書店.

宇田友猪,和田三郎,1910.自由党史上巻.五車楼.

幼方直吉,遠山茂樹,田中正俊,1966.歴史像再構成の課題——歴史学の方法とアジア.御茶の水書房.

江川ひかり,1998.タンズィマート改革期のボスニア・ヘルツェゴヴィナ//岩波講座世界歴史21.岩波書店.

江口朴郎,1969.帝国主義の時代.岩波全書.

江口朴郎,1975.帝国主義時代の研究.岩波書店.

江口朴郎,高橋幸八郎,林健太郎,1949.国際関係の史的分析.御茶の水書房.

岡義武,1955.国際政治史.岩波全書.

岡崎勝世,2016a.日本における世界史教育の歴史(1-1)——「普遍史型万国史」の時代//埼玉大学紀要教養学部(51巻2号).

岡崎勝世,2016b.日本における世界史教育の歴史(1-2)——「普遍史型万国史」の時代//埼玉大学紀要教養学部(51巻1号).

岡崎勝世,2017.日本における世界史教育の歴史(1-3)——「普遍史型万国史」の時代//埼玉大学紀要教養学部(52巻2号).

尾形勇,岸本美緒,1998.中国史.山川出版社.

岡本隆司,2008.世界のなかの日清韓関係史——交隣と属国、自主と独立.講談社選書メチエ.

岡本隆司,2010.属国/保護と自主——琉球・ベトナム・朝鮮//東アジア近現代通史1.岩波書店.

小川原宏幸,2010.伊藤博文の韓国併合構想と朝鮮社会——王権論の相克.岩波書店.

影浦亮平,2014.陸羯南におけるジョゼフ・ド・メーストルの受容について//京都外国語大学研究論集(84号).

糟谷憲一,1992.近代的外交体制の創出——朝鮮の場合を中心に//アジアのなかの日本史2.東京大学出版会.

糟谷憲一,1999.朝鮮ナショナリズムの展開//岩波講座世界歴史20.岩波書店.

片山慶隆,2007.陸羯南研究の現状と課題——対外論・立憲主義・ナショナリズム//一橋法学.六巻一号.

加藤俊彦,1972.陸奥宗光と地租改正//社會科學研究(東京大学).二四巻二号.

加藤博,1995.オスマン帝国の「近代化」——アラブ世界を中心に//講座世界史3.東京大学出版会.

加藤博,1998.「周縁」からみた近代エジプト——空間と歴史認識をめぐる一考察//岩波講座世界歴史21.岩波書店.

加藤祐三,1980.イギリスとアジア——近代史の原画.岩波新書.

加藤祐三,1985.黒船前後の世界.岩波書店.

加藤祐三,1988.黒船異変——ペリーの挑戦.岩波新書.

加藤祐三,1994.開国//岩波講座日本通史16.岩波書店.

加藤祐三,2000.幕末開国と明治維新期の日英関係//日英交流史1600—20001.東京大学出版会.

加藤祐三,川北稔,1998.アジアと欧米世界.中央公論社.

加納格,2011.ロシア帝国と極東政策——ポーツマス講和から韓国併合まで//法政史学(75号).

加納格,2012.ロシア帝国論——「陸の帝国」の成立と統治//二一世紀歴史学の創造4.有志舎.

我部政男,1994.琉球から沖縄へ//岩波講座日本通史16.岩波書店.

川村清夫,2008.プラハとモスクワのスラヴ会議.中央公論事業出版.

辛島昇,2004.南アジア史.山川出版社.

ガル,ロタール,1988.ビスマルク——白色革命家.大内宏一,訳.創文社.

川島真,2010a. 東アジア世界の近代――一九世紀//東アジア近現代通史 1. 岩波書店.

川島真,2010b. 近代国家への模索 1894―1925. 岩波新書.

木畑洋一,2012. 陽の沈まぬ帝国――イギリス帝国論//二一世紀歴史学の創造 4. 有志舎.

木畑洋一等,2000. 日英交流史 1600―2000(1・2). 東京大学出版会.

君塚直隆,2006. パクス・ブリタニカのイギリス外交――パーマストンと会議外交の時代. 有斐閣.

陸羯南,1971. 近時政論考//日本の名著 37 陸羯南・三宅雪嶺. 中央公論社.

久米邦武,1977―1982. 特命全権大使米欧回覧実記(全 5 巻). 岩波文庫.

栗田禎子,1998. マフディー運動の域内関連――一九世紀東スーダンと中東・アフリカ世界//岩波講座世界歴史 21. 岩波書店.

栗田禎子,2001. 近代スーダンにおける体制変動と民族形成. 大月書店.

黒木彬文,2003. 興亜会のアジア主義と植木枝盛のアジア主義//福岡国際大学紀要(9 号).

小泉順子,1995. タイにおける国家改革と民衆//講座世界史 3. 東京大学出版会.

小島淑男,1995. 東アジアと日本//講座世界史 5. 東京大学出版会.

小谷汪之,1985. 歴史の方法について. 東京大学出版会.

小谷汪之等,2012. 二一世紀歴史学の創造 3 土地と人間――現代土地問題への歴史的接近. 有志舎.

小林隆夫,2010. イギリスの東漸と東アジア――貿易と秩序//東アジア近現代通史. 岩波書店.

小松久男,1998. 危機と応戦のイスラーム世界//岩波講座世界歴史 21. 岩波書店.

小松久男,2000. 中央ユーラシア史. 山川出版社.

子安宣邦,2003. 「アジア」はどう語られてきたか. 藤原書店.

権上康男, 1985. フランス帝国主義とアジア——インドシナ銀行史研究. 東京大学出版会.

崔文衡, 2008. 韓国をめぐる列強の角逐——一九世紀末の国際関係. 齊藤勇夫, 訳. 彩流社.

斎藤竹堂, 1844. 鴉片始末. 国立国会図書館デジタルコレクション.

坂本健一, 1903. 世界史下巻. 博文館.

桜井由躬雄, 石澤良昭, 1977. 東南アジア現代史 3. 山川出版社.

櫻井良樹, 2010. 日露戦争後の日本——「大国民」意識と戦後ナショナリズム//東アジア近現代通史 2. 岩波書店.

佐々木雄太, 木畑洋一, 2005. イギリス外交史. 有斐閣.

佐藤公彦, 2010. 帝国主義中国分割と「民衆」社会——「瓜分」と「雪恥」//東アジア近現代通史 2. 岩波書店.

佐藤次高, 2002. 西アジア史 1 アラブ. 山川出版社.

シェノー, ジャン, 1970. ベトナム民族形成史. 斎藤玄, 立花誠逸, 訳, 理論社.

柴宜弘編, 1998. バルカン史. 山川出版社.

芝原拓自, 1975. 開国. 小学館.

芝原拓自, 1977. 世界史のなかの明治維新. 岩波新書.

芝原拓自, 1981. 日本近代化の世界史的位置——その方法論的研究. 岩波書店.

愼蒼宇, 2010. 植民地戦争としての義兵戦争//東アジア近現代通史 2. 岩波書店.

新免康, 1995. ヤークーブ・ベグ//講座世界史 3. 東京大学出版会.

杉原達, 1990. オリエントへの道——ドイツ帝国主義の社会史. 藤原書店.

鈴木健夫, 1995. ロシア帝国の膨張と「大改革」//講座世界史 3. 東京大学出版会.

高桑駒吉, 1910. 最新世界歴史. 金刺芳流堂.

高橋孝助, 1995. 中華帝国の近代化と再編//講座世界史 3. 東京大学出版会.

高橋誠一郎, 2002. 欧化と国粋──日露の「文明開化」とドストエフスキー. 刀水書房.

瀧井一博, 2003. 文明史のなかの明治憲法──この国のかたちと西洋体験. 講談社選書メチエ.

瀧井一博, 2010. 伊藤博文──知の政治家. 中公新書.

瀧井一博, 2013. 明治国家をつくった人びと. 講談社現代新書.

竹内好, 2006. 竹内好セレクション2. 日本経済評論社.

竹内好, 1963. 現代日本思想体系9アジア主義. 筑摩書房.

武田幸男, 2000. 朝鮮史. 山川出版社.

田中彰, 1977. 岩倉使節団明治維新のなかの米欧. 講談社現代新書.

田中彰, 2002. 岩倉使節団『米欧回覧実記』. 岩波現代文庫.

田中彰, 2003. 明治維新と西洋文明──岩倉使節団は何を見たか. 岩波新書.

田中正俊, 1970. 世界市場の形成と東アジア//講座日本史5. 東京大学出版会.

趙景達, 2010. 危機に立つ大韓帝国//東アジア近現代通史2. 岩波書店.

趙景達, 2012. 近代朝鮮と日本. 岩波新書.

趙景達, 2012. 近代日朝関係史. 有志舎.

辻内鏡人, 1995. 第二次アメリカ革命──国民的経験としての南北戦争//講座世界史3. 東京大学出版会.

東海散士, 2006. 佳人之奇遇//新日本古典文学大系明治篇政治小説集2. 大沼敏男, 中丸宣明, 校注. 岩波書店.

長井利浩, 2012. 井上毅とヘルマン・ロェスラー──近代日本の国家建設への貢献. 文芸社.

永井秀夫, 1995. 開国と明治維新//講座世界史3. 東京大学出版会.

中江兆民, 1970. 日本の名著36中江兆民. 中央公論社.

長崎暢子, 2010. 初期国民会議派とインド・ナショナリズム──協力の中の自立と変革//東アジア近現代通史2. 岩波書店.

中島岳志, 2014. アジア主義──その先の近代へ. 潮出版社.

永田雄三, 2002. 西アジア史2イラン・トルコ. 山川出版社.

永田雄三, 加賀谷寛, 勝藤猛, 1982. 中東現代史1. 山川出版社.

中野聡, 2010. 太平洋植民地の獲得とアメリカの「アジアへの道」// 東アジア近現代通史2. 岩波書店.

永原陽子, 1995. 南アフリカ戦争とその時代// 講座世界史5. 東京大学出版会.

中村弘光, 1982. アフリカ現代史4. 山川出版社.

中村政則等, 1988. 日本近代思想大系8　経済構想. 岩波書店.

西川武臣, 2016. ペリー来航——日本・琉球をゆるがした四一二日間. 中公新書.

西川正雄, 1985. 初期社会主義運動と万国社会党——点と線に関する覚書. 未来社.

西川正雄, 南塚信吾, 1986. ビジュアル版世界の歴史帝国主義の時代. 講談社.

西里喜行, 1992. 琉球処分と樺太・千島交換条約// アジアのなかの日本史4. 東京大学出版会.

西村茂樹編, 1875. 校正万国史略. 西村茂樹.

丹羽邦男, 1995. 地租改正法の起源——開明官僚の形成. ミネルヴァ書房.

野原四郎, 1962. 極東をめぐる国際関係// 岩波講座日本歴史14. 岩波書店.

萩原延壽, 1997. 陸奥宗光(上). 朝日新聞社.

浜下武志, 1999. アジアの〈近代〉// 岩波講座世界歴史20. 岩波書店.

原田敬一, 2007. 日清・日露戦争. 岩波新書.

ひろたまさき, 1985. 対外政策と脱亜意識// 講座日本歴史7. 東京大学出版会.

フォークト, J, 1965. 世界史の課題——ランケからトインビーまで. 小西嘉四郎, 訳. 勁草書房.

福澤諭吉, 1958—1964. 福澤諭吉全集(全21巻). 岩波書店.

福島正夫, 1962. 地租改正の研究. 有斐閣.

藤井信行, 2004.「英独同盟交渉」(1898—1901年)とイギリス外交政策// 川村学園女子大学研究紀要(15巻2号).

藤井信行,2011.「日英同盟」協約交渉(1901—1902年)と日本政府(前)//川村学園女子大学研究紀要(22巻2号).

ブルクハルト,ヤーコブ,2009.世界史的考察.新井靖一,訳.ちくま学芸文庫.

ベレンド,イヴァン&ジェルジュ・ラーンキ,1991.ヨーロッパ周辺の近代1780—1914.柴宜弘等,訳.刀水書房.

朴羊信,2010.日本の大陸戦略——満韓交換論をめぐって//東アジア近現代通史2.岩波書店.

星昭,林晃史,1978.アフリカ現代史1.山川出版社.

ホブスン,1952.帝国主義論(下).矢内原忠雄,訳.岩波文庫.

牧野伸顕,1977.回顧録(上).中公文庫.

牧原憲夫,2006.民権と憲法.岩波新書.

増田義郎,山田睦男,1999.ラテン・アメリカ史1.山川出版社.

増田義郎編,2000.ラテン・アメリカ史2.山川出版社.

松方冬子,2007.オランダ風説書と近世日本.東京大学出版会.

松方冬子,2010.オランダ風説書——「鎖国」日本に語られた「世界」.中公新書.

松沢弘陽,1993.近代日本の形成と西洋経験.岩波書店.

松田利彦,2010.日本の韓国併合//東アジア近現代通史2.岩波書店.

マルクス,1959—1991.マルクスエンゲルス全集(全53巻).大月書店.

三谷博,1997.明治維新とナショナリズム——幕末の外交と政治変動.山川出版社.

三谷博,2003.ペリー来航.吉川弘文館.

箕作麟祥,2018.萬國新史.世界史研究所(原著1871—1877年).

南塚信吾,1979a.東欧経済史の研究——世界資本主義とハンガリー.ミネルヴァ書房.

南塚信吾,1979b.ハンガリーにおける四八年革命//共同研究一八四八年革命(良知力編).大月書店.

南塚信吾, 1998. 東欧のネイションとナショナリズム//岩波講座世界歴史 18. 岩波書店.

南塚信吾, 2010a. いまなぜ国民国家か//国民国家の比較史(久留島浩, 趙景達編). 有志舎.

南塚信吾, 2010b. 世界史の中の「韓国併合」——一九一〇年前後の国際関係の中で//歴史学研究(867号).

南塚信吾, 2010c. 世界史を考える道——帝国主義時代の国際関係史再考//日本歴史学協会年報(25号).

南塚信吾, 2012a. ハプスブルク帝国と帝国主義——"二州併合"から考える//二一世紀歴史学の創造 4. 有志舎.

南塚信吾, 2012b. 民族と国民//二一世紀歴史学の創造別巻 1. 有志舎.

南塚信吾, 2016. 近代日本の「万国史」//「世界史」の世界史(秋田茂他編). ミネルヴァ書房.

宮地正人, 1987. 国際政治下の近代日本. 山川出版社.

宮地正人, 1994. 維新政権論//岩波講座日本通史 16. 岩波書店.

宮地正人, 2012. 幕末維新変革史(上下). 岩波書店.

宮本正興, 松田素二, 1997. 新書アフリカ史. 講談社現代新書.

陸奥宗光, 1933. 蹇蹇録. 岩波文庫.

百瀬宏, 1980. 北欧現代史. 山川出版社.

百瀬宏, 2011. 小国——歴史にみる理念と現実. 岩波書店.

百瀬宏他, 1995. 東欧. 自由国民社.

森安達也, 南塚信吾, 1993. 東ヨーロッパ. 朝日新聞社.

森山茂徳, 1992. 日韓併合. 吉川弘文館.

安丸良夫, 1994. 一八五〇—七〇年代の日本——維新変革//岩波講座日本通史 16. 岩波書店.

柳澤明, 2010. ロシアの東漸と東アジア——一九世紀後半における露清関係の転換//東アジア近現代通史 1. 岩波書店.

山田朗,2009.世界史の中の日露戦争.吉川弘文館.

山室信一,1984.法制官僚の時代——国家の設計と知の歴程.木鐸社.

山室信一,2005.日露戦争の世紀——連鎖視点から見る日本と世界.岩波新書.

油井大三郎,2008.好戦の共和国アメリカ.岩波新書.

横井勝彦,2004.アジアの海の大英帝国——一九世紀海洋支配の構図.講談社学術文庫.

横山伊徳,2013.開国前夜の世界.吉川弘文館.

吉澤誠一郎,2010.清朝と近代世界一九世紀.岩波新書.

吉田昌夫,1978.アフリカ現代史 2.山川出版社.

吉野誠,1995.「朝鮮における民族運動の形成」『講座世界史 3』東京大学出版会.

ランケ,レーオポルト・フォン,1998.『世界史の流れ』村岡哲訳,ちくま学芸文庫.

和田春樹,1991.開国——日露国境交渉.NHKブックス.

和田春樹,2009.日露戦争起源と開戦(上).岩波書店.

和田春樹,2010a.日露戦争起源と開戦(下).岩波書店.

和田春樹,2010b.日露戦争と韓国併合——一九世紀末——一九〇〇年代//東アジア近現代通史.岩波書店.

和田春樹,2002.ロシア史.山川出版社.

渡辺京二,2010.黒船前夜——ロシア・アイヌ・日本の三国志.洋泉社.

西文文献

Beasley, W. G., 1987, *Japanese Imperialism 1894-1945*, Clarendon Press.

Beasley, W. G., 1990, *The Rise of Modern Japan*, Charles E. Tuttle.

Berend, T. Ivan, 2013, *An Economic History of Nineteenth-Century Europe*, Cambridge University Press.

参考文献

Bowman, William D., Frank M. Chiteji and J. Megan Greene, 2007, *Imperialism in the Modern World, Sources and Interpretations*, Pearson.

Bridge, F. R., 1972, *From Sadowa to Sarajevo, The Foreign Policy of Austria-Hungary, 1866–1914*, Routledge & Kegan Paul.

Chambers, W. & R., 1856, *Modern History*, London.

Conrad, Sebastian, 2012, *German Colonialism — A Short History*, Cambridge University Press.

Feis, Herbert, 1930, *Europe — The World s Banker, 1870–1914*, Yale University Press. '

Fisher, George P., 1885, *Outlines of Universal History*, Ivison, Blakeman, Taylor, and Company.

Freeman, Edward A., 1872, *General Sketch of History*, London.

Fromkin, David, 1980, "The Great Game in Asia", *Foreign Affairs*, 58(4).

Goodrich Peter Parley, 1837, *Universal History, on the Basis of Geography*, 2 vols., Boston.

Hobsbawm, Eric, 1975, *The Age of Capital, 1848–1875*, Weidenfeld & Nicolson.

Hobson, J. A., 1972, *Imperialism: A Study*, The University of Michigan Press.

Hopkirk, Peter, 1990, *The Great Game, On Secret Service in High Asia*, John Murray.

Macartney, C. A., 1969, *The Habsburg Empire, 1790–1918*, Macmillan.

Mcleod, Mark W., 1993, "Truong Dinh and Vietnamese Anti-Colonialism, 1859–64: A Reappraisal", *Journal of Southeast Asian Studies* 24 (1).

Müller, Johannes von, 1810, *Vier und zwanzig Bücher Allgemeiner Geschichten besonders der Europäischen Menschheit*, Tübingen.

Oliver, Roland and Anthony Atmore, 2004, *Africa since 1800, 5th*, Cambridge University Press.

Pölitz, K. H. L., 1808, *Kleine Weltgeschichte, Siebente Auflage*, Leipzig.

Ranke, Leopold von, 1881-1888, *Weltgeschichte*, 9 vols., Berlin?

Sergeev, Evgeny E., 2013, *The Great Game, 1856 - 1907: Russo-British Relations in Central and East Asia*, Johns Hopkins University Press.

Speitkamp, Winfried, 2014, *Deutsche Kolonialgeschichte*, Reclam.

Stone, James, 2015, " Bismarck and the Great Game: Germany and Anglo-Russian Rivalry in Central Asia, 1871-1890 ", *Central European History*, 48(2).

Swinton, William, 1874, *Outlines of the World s History*, New York & Chicago.

Taylor, William Cooke, 1844, *A Manual of Ancient and Modern History*, D. Appleton & Co.

Townsend, M. E., 1930, *The Rise and Fall of Germany s Colonial Empire 1884 - 1918*, Macmillan.

Tytler, Alexander Fraser, 1801, *Elements of General History, Ancient and Modern*.

Welter, Th. B., 1826-1828, *Lehrbuch der Weltgeschichte für Gymnasien und höhere Bürgerschulen*, 3 vols., Münster.

网络史料

① バルタ・リマン条約. https://en.wikipedia.org/wiki/Treaty_of_Balta_Liman

② 馬場恒吾, 1942. 伊藤博文. 潮文閣. http://dl.ndl.go.jp/info: ndljp/pid/1883268/64

③ 植木憲法案. http://www.ndl.go.jp/modern/img_l/020/020-001l.html

④ ビスマルクの植民地政策. http://germanhistorydocs.ghi-dc.org/pdf/deu/622_Bismarck%20pragmatischen%20Kolonisierung_202.pdf#search=%27bismarck+%C3%BCber+kolonialpolitik+1884%27

后记

　　以"关系"为线索构建世界历史的想法，是在 1970 年代受到江口朴郎先生的影响后萌发的，即以序言中提到的"橡胶气球"思维构建世界历史。此外，在研究东欧史的过程中接触到的牧野伸显的《回忆录》也使我颇受启发。在 1990 年代，牧野切身感受到，要想了解远东，就必须先了解巴尔干的动向，这是一种地区间的关系。受此影响，1986 年我与西川正雄合著《视觉世界史之帝国主义时代》（讲谈社），尝试结合一些"关系"来构建世界史。

　　在这之后，我开始研究明治时期的"万国史"，重新审视了明治时期日本对世界历史的认识。其中，箕作麟祥的《万国新史》通过欧洲与亚洲之间的关系来构建世界史，并从这一观点出发，准确地记述了连接欧洲与东亚的中东、中亚的历史，令我十分惊讶。此后形成了明治时期的世界史与以欧洲为中心的国家史并列的局面。到 20 世纪，箕作的观点在坂本健一的《世界史》和高桑驹吉的《最新世界历史》中得到继承和发展。特别是高桑，他将箕作没有论述的非洲、东南亚，以及包括朝鲜、日本在内的东亚历史融入了世界史。读到这样的万国史，受到启发的我终于尝试通过世界各地区之间的关系来研究世界历史。

在研究万国史和回顾日本历史的同时，我认识到，明治时期编写万国史的前辈们都带有一种强烈的实践意识及问题意识，即应该在怎样的国际环境下如何实现日本的改造及开化。从中，我们可以看到世界上各个时代的主流思想和制度是如何被接纳和消化的。从这样的认识中，我获得了世界历史"潮流"的"本土化"视角。它并没有让我们停留在"关系"层面，而是让我们看到，将主要潮流本土化的世界各地区的发展是"联动"的。而关于各个时代世界历史潮流的想法，则是在为了研究万国史而对欧洲世界历史理论的发展进行研究的过程中，通过再次学习德国历史学家兰克的《世界史》得出的。

2004年成立的"世界史中的日本，日本之中的世界史"研讨会对于本书的完成至关重要。在讨论中，我收获了对我的一些不合理的世界历史观的多角度批评，以及有用的建议。在此向研讨会的各位成员，以及研讨会的协调人，一路舍的渡边勋先生，表示衷心的感谢。最后还要感谢为本系列付出的岩波书店编辑部的吉田浩一先生和入江仰先生，感谢他们的诸多照顾和支持。

2018年10月

南塚信吾

图书在版编目（CIP）数据

联动的世界史：19世纪世界中的日本/（日）南塚信吾著；张尧彦译. —上海：上海文化出版社，2024.5
ISBN 978-7-5535-2973-8

Ⅰ.①联… Ⅱ.①南…②张… Ⅲ.①世界史－19世纪 Ⅳ.①K107

中国国家版本馆 CIP 数据核字（2024）第 082132 号

【版权声明】

"RENDO" SURU SEKAISHI: 19SEIKISEKAI NO NAKA NO NIHON
by Shingo Minamizuka
ⓒ 2018 by Shingo Minamizuka
Originally published in 2018 by Iwanami Shoten, Publishers, Tokyo.
This simplified Chinese edition published 2024
by Shanghai Culture Publishing House, Shanghai
by arrangement with Iwanami Shoten, Publishers, Tokyo

图字：09-2023-1087 号

出 版 人	姜逸青
责任编辑	葛秋菊
封面设计	凌 瑛

书名	联动的世界史：19世纪世界中的日本
著者	［日］南塚信吾
译者	张尧彦
出版	上海世纪出版集团 上海文化出版社
地址	上海市闵行区号景路159弄A座3楼 201101
发行	上海文艺出版社发行中心
	上海市闵行区号景路159弄A座2楼 www.ewen.co
印刷	苏州市越洋印刷有限公司
开本	889×1194 1/32
印张	7
版次	2024年6月第1版 2024年6月第1次印刷
书号	ISBN 978-7-5535-2973-8/K.330
定价	58.00元

如发现本书有印装质量问题请联系印刷厂质量科 T：0512-68180628